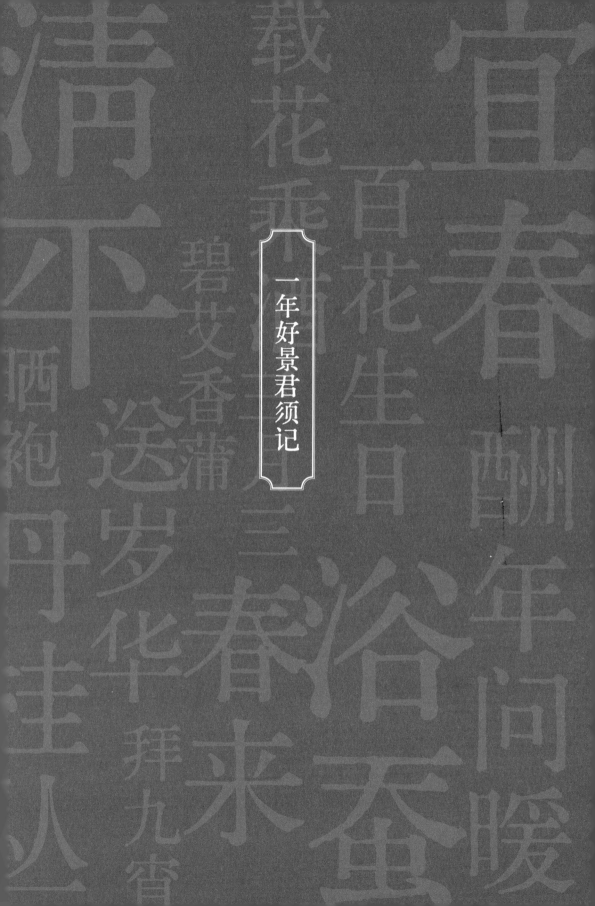

一年好景君须记

一年好景
君须记

上海交通大学出版社
SHANGHAI JIAO TONG UNIVERSITY PRESS

内容提要

本书以每月一节的方式，分十二讲，从花朝上巳、小满祈蚕，写到冬节腊节。从传统节日的溯源、演变，到不同节俗的呈现展演，再到针对传统节日的现代语境而提出对节日传统的继承与更新，最后针对传统节日复兴与重建进行节日文化、节日精神与节日价值的阐述。本书内容可以简要概括为以下三点：一是从传统节日的历史知识梳理，重建传统节日的物质系统与节日文化符号；二是通过对神话故事、地方方志、民俗文献、诗歌典故的材料挖掘，复兴传统节日的仪式与习俗活动，为大众节日生活做出引导；三是通过对节日材料的分析与当代社会的具体节日案例总结剖析，重视传统节日精神核心的建设，提升公众对节日精神赓续与节日遗产传承的意识。

图书在版编目 (CIP) 数据

中国节：一年好景君须记 / 方云著 . -- 上海：上海交通大学出版社 , 2025.1（2025.2 重印）-- ISBN 978-7-313-31200-6

Ⅰ . K892.1-49

中国国家版本馆 CIP 数据核字第 2024Q8Z851 号

中国节—— 一年好景君须记

ZHONGGUOJIE——YINIAN HAOJING JUN XU JI

著　　者：方　云
出版发行：上海交通大学出版社
邮政编码：200030
印　　制：上海颛辉印刷厂有限公司
开　　本：710mm×1000mm　1/16
字　　数：209 千字
版　　次：2025 年 1 月第 1 版
书　　号：ISBN 978-7-313-31200-6
定　　价：98.00 元

地　　址：上海市番禺路 951 号
电　　话：021-64071208
经　　销：全国新华书店
印　　张：14.75
印　　次：2025 年 2 月第 2 次印刷

序

一

  节日文化传承，是一种文化传统的叙事传承。西方民俗学传统话语有：神话是语言的叙事，仪式是神话的展演。这种观点传到中国，就有具体化到节日的讨论，认为神话是语言的形态，而节日就是神话的仪式表现。梁启超先生在讨论神话研究的时候，也大谈将神话与节日民俗结合起来，做出一部中国神话史和民俗史的问题。那时候梁启超先生或许并不是受到外来的影响，而是对于节日文化的直观感受。这就是说，无论中外，都有将节日视为仪式，将节日视为神话的仪式展演的倾向。

  我们的研究发现，节日文化是一种立体的叙事结构。其形式有语言文字的叙事传承，有仪式行为的叙事传承，更有图像景观的叙事传承。语言的、行为的、物象的形态，是文化的立体结构，就文化形式而言，似乎很难超出这三种形态，数字形式也往往只是这三种形式的转化。做学术研究的，研究文化的形式，研究节日的形式，也基本很难超越这个范围。梳理历史上传下来的文献，发现节日的语言的传承，图像的传承，有丰富的遗产。这些文字与图片，是节日仪式实践的摹写，不是行为本身，但对于节日文化的传承具有很重要的规范、示范和认同意义。

  中国是节日文化大国，也是世界上节日文献丰富的大国。

节日时间是一种社会管理，是民众行为的规范，也是社会行为一致性的重要表现。所以谁是社会的管理者，谁就有"敬授民时"的责任。这一方面是对于自然时间的科学认识，有生产与生活的意义，更是人类社会的神圣时间的安排与认同。从《尚书·尧典》就可以看出，人文之初，就是历法时间的认识。《尧典》开篇几句抽象颂扬帝尧的功绩文字，然后首要记录的就是一年最为重要的四个节气，即后来命名为春分、夏至、秋分、冬至的"两分两至"时间，中华阳历二十四节气的关键节点。后来，"月令"文体形成了特定的传统样式，是以时间管理社会的政治。所以，《礼记》"月令"、《周书》"月令"是国家政令性质的文本，吕不韦的《吕氏春秋》"十二纪"、崔寔的《四民月令》，因他们都是宰相级别的官员，所以都是代表国家在书写，国家同样在场。

时间与节日逐渐形成朝野认同，便形成民众的生活习惯，成为民俗。以前，改朝换代都要改正朔，这样就会造成节日时间的错乱。于是，社会与民众有了时间统一稳定的渴望，这时，民间书写节日时间的文献就出现了。南北朝时期，中华国家南北分治纷争，时间与节日的统一十分迫切。南朝梁朝学人宗懔，先是在南朝做书记之类的工作，后到北朝做官。他的一生做了一件非常重要的工作，就是作为学人，以自己的民族国家意识，书写了一部中华民族的共同节日时间大典——《荆楚岁时记》，这是中华民族共同体历史上的一部神圣宝典，是民族文化认同的节日与神话的时间标杆。在一定程度上，有共同的节日时间是南北能够文化统一的十分关键的因素。中华文化认同，民俗节日典籍功不可没。后来的都市风俗文献，如《东京梦华录》《梦粱录》以及《燕京岁时记》《金陵岁时记》《清嘉录》等，将节日书写成为城市的亮点。而地方志书，将"岁时"列为标配。节日文献从官方文献到民俗文献，成为中国文化的灿烂篇章。

新时期节日文化的重振，是中华文化复兴的标志性事件。在中国节日文化重建过程中，传统节日文化的讲述，民俗记忆的唤起，都与民俗学者不知疲倦的写作和讲述有着密切的关系，与社会和民俗学家的实践推进有关系。

华东师范大学民俗学学科一贯重视民俗文化的传承实践，以及节日文化的校园传承。其中，清明文化校园先贤祭、端午游园，中秋晚会与重阳敬老，多年坚持，被评选为上海市文教界践行社会主义核心价值观的示范项目。通过媒体讲述，是民俗学师生的共同奋斗的场域。2023 年度，澎湃新闻文化课曾经与华东师范大学民俗学师生共同传播节日文化，与国内各界热爱节日文化的民众一道，共同营造节日文化氛围，书写节日文化文章。节日文化讲述与节日民俗仪式的操演一样，都是节日文化的传承。

近年有一批青年民俗学者撰写并讲述中华传统节日文化，为推进民俗节日的研究与传承起到积极的作用。这中间，方云博士是十分突出的一位。她将在媒体发表的文章甄选出来，汇成《中国节——一年好景君须记》一书出版，这是中华节日文化传承值得称道的一件事。

《中国节——一年好景君须记》一书文字富有诗意，优雅可读，语言本身富有美感。本书对于节日的讲述也十分富有特点。一是节日事项，有起源意义的追溯，有历史进程的表达，更有现实节日传承的表述，这就相对传统节日文献，具有了鲜明的时代意义。二是本书的节日图像十分精美，十分直观。从《荆楚岁时记》到《清嘉录》，传统节日文献很少有节日插图。传统年画刻画节日景观，近代《点石斋画报》等开始描述节日生活，但是节日的语言文字叙事与图像叙事没有达到很好的结合。方云书中的图片，数量巨大，取材广泛，很多更是自己拍摄的，使得本书有了更为珍贵的一手材料。方云也是一位节日文化的实践者，她担任上海黄道婆纪念园负责人职务，组织了系列节日文化专场，现场氛围神圣而又华美欢快，受到社会广泛好评。所以她的书写不是纸上谈兵，而是一位节日文化的践行者的心路历程。因此，节日的仪式行为叙事，在方云这里是双重的：亲身的实践、图文的叙事。

《中国节——一年好景君须记》十二篇，每月选取节日精华渲染之，可谓生活的华彩乐章的演奏，精彩纷呈，可以作为美文阅读。但是，该书最为重要的价值是文化传承，助推节日文化的重振，在新时代走向新辉煌。在美文阅读中推进节日文化的传播传承，应该是节日文化传承的最美好的打开方式。

　　节日文献是神话的文献，民俗的文献，节日本身是神奇的神话叙事。《中国节——一年好景君须记》十二篇，我们可以当作十二篇神话来读。

2024.6.22 海上南园

序
二

《中国节——一年好景君须记》，一本唯美与富有诗意情怀的小书，把我们的目光引向了遥远的时代。

中华民族是一个富有遐想的民族，也是一个善于创造的民族。早在史前时代，中华民族就已经掌握了一定的天文学知识，在河南出土的仰韶文化文物上，考古学者们发现了刻有十二道光芒的太阳纹，说明早在距今六七千年的仰韶文化时代，中华民族就已经有了对于一年十二个月的认识。到了春秋时期的《尚书·尧典》，已出现了"四仲中星"的记载，所谓"四仲中星"，就是用四组恒星黄昏时在正南天空的出现来定季节。

大概在距今 1 万至 4000 年前，也就是史称的新石器时代，生活在这块土地上的中华民族的先人们就已经开始了原始农业。中国古代有关"神农氏"的传说就反映了原始农业发生的那个时代的历史。农业是利用生物的生命周期进行生产的社会活动，有着强烈的季节性特点，春种、夏耘、秋收、冬藏，构成了一个循环往复的农事运作系统，由此也产生了后来的立春、清明、立夏、小满、立秋、冬至等各种节气。

中华民族的宗教信仰也是产生在遥远的远古时代。在那个时代中，人的行为要受到神灵的控制，一切行为都必须在神灵的旨意下进行，人们把神灵想象成有着崇高的权力和强大的意志的超自然力量，甚至也像人一样，有着七情六欲、生老病死。于是，各种祈求神灵保佑，或者为神灵庆祝寿诞等的祭祀活动便成为支配人们日常生活的重要内容。

古老的天文学、农业学知识以及宗教信仰观念，促成了大量的具有中国特色的传统节日的产生与形成，依靠着对于年份、月份、季节等在天文学上具有重要意义的天文历法知识，中华民族为节日的形成，确立了重要的时间概念，建构了重要的时间框架。依靠着丰富的农业学知识与经验，中华民族赋予了传统节日以丰富的生产性内涵，借以表达人们对于耕种的渴望、灾害的畏惧、丰收的期盼，并在此基础上创造了开秧节、春耕节等大量具有农业文明特色的节日。依靠着深厚的宗教情感与宗教信仰观念，中华民族又创建了诸多为祈求神灵庇佑而进行的宗教祭祀活动，如立春祭芒神、元宵节祭太一、中和节祭日神、冬至节祭天神等，久而久之，这些祭祀活动便逐渐固定化、格式化为某些节日。

随着时间的发展，中华民族的节日文化中又逐渐被赋予了大量的日常生活性内容，诸如人们在日常生活中的各种吃喝玩乐、衣食住行、社交礼仪、文艺娱乐行为，都被纳入节日这一框架之中，由此而构成了一个庞大的中华民族节日习俗体系。长期以来，中华民族的日常生活方式都是嵌入在这样一个具有鲜明时序性特点的时间框架中而实现的。如春节有迎春、拜年、守夜、放爆竹习俗；立春有春耕、祭勾芒神、咬春、打春牛习俗；元宵节有吃汤圆、观灯、猜灯谜习俗；上巳节有祀高禖、祓禊、会男女、曲水流觞习俗；清明节有扫墓、踏青、放风筝习俗；端午节有划龙舟、吃粽子、避五毒、挂香袋、挂菖蒲习俗；天贶节有回娘家、晒书、求平安习俗；七夕节有乞巧、穿针、种生、染指甲习俗；中元节有祭祖、盂兰盆会、放河灯习俗；中秋节有祭月、兔儿爷，吃月饼、送瓜习俗；重阳节有登高、插茱萸、赏菊、吃重阳糕习俗；冬至之日有祭天、吃饺子、泡温泉习俗等等。

由此可见，在中华民族传统节日中，包含着极为丰富的生活知识与民俗文化内容，它们构成了博大精深、绵延千年的中华民族节日文化传统，并且有着极为广泛的民众参与程度。在长期的传统社会中，它们不但满足了人民群众对身心健康和生活品质的需求，而且也传递着深厚的乡土文化信息，引领着民众对民族文化价值观的认同。

传统节日的价值是极为珍贵的，它们是中国古代人民生活的准绳、精神的依托，同时也是中国古代人民生活智慧与创造才华的集中体现。传统节日曾经给中华民众带来无穷的乐趣，也给中华民族带来有序、健康、丰富、和谐的生活方式与民俗传统。通过节日的形式，人们构筑起巩固的人伦关系与道德体系，传达了热爱生活、热爱家乡、热爱亲人的思想情感，获得了心灵的满足与情绪的释放。传统节日对于古代的人民来说，既是一本读不完的教科书，也是一篇享不尽的舒心曲，那里有着无穷无尽的知识与乐趣，那里也有着无穷无尽的乡愁与亲情。

较为遗憾的是，随着时代的发展，蕴藏在中华民族节日中的许多内涵与情感正在被快速地淡化与遗忘。在快节奏的现代生活方式中，人们已经很少再能够像古代社会中的民众那样对于传统节日有着同样多的感受与体验，对于传统节日中的许多历史知识与文化内涵，更是知之甚少。比如，对于端午节这样一个传统的重要节日，现在已经很少有人能够清楚地了解它的真正起源，而对于端午节中所具有的一些特色民俗活动，如除五毒、采草药、斗百草、饮雄黄等，则更是缺乏具体的了解。这一现象对一个有着五千多年文明历史的中华民族来说是十分值得引起重视与警惕的。长此以往，具有悠久历史传承的优秀民族文化传统必将会走向式微、衰落，以至动摇整个民族的根基。

有幸时至 21 世纪初，随着我国非物质文化遗产保护工程的兴起，这种对于民族文化传统式微的担虑终于得到了消解。2005 年，春节、元宵节、清明节、端午节、七夕节、中秋节、重阳节等 7 个中国传统节日被列入我国第一批国家级非遗代表性项目名录体系；2009 年，端午节被列入联合国教科文组织人类口头与非遗代表性项目名录体系；2016 年，二十四节气又被列入联合国教科文组织人类口头与非遗代表性项目名录体系；如今，我国又将启动将春节申报人类口头与非遗代表性项目名录的工作。这一系列工作的推行与实施，从国家认同、民族自信的高度上确立了传统节日在当代社会中的价值与地位，在很大程度上提升了对于我国传统节日的认同感与自信心。

由方云博士撰写的《中国节——一年好景君须记》一书，正是我国在走向弘扬优秀民族文化传统、振兴传统节日事业之路上的一块奠基石。翻开这本书的首页，一股浓浓的民族节日韵味便扑鼻而来，立春、花朝、上巳、端阳、七夕、仲秋、重阳、朔望、冬至、腊月、春节，这一个个熟悉的名字，把我们带入了一个完整的传统节日世界，激起了人们对于童年时代、乡土时代的种种遐想与回忆。

而当我们正式开始阅读这本书中的每个章节、每段文字的时候，那种对于传统节日的感怀与留恋之情更是油然而生。诸如立春鞭春牛、祭勾芒、抢春、唱春、咬春；花朝祭花神、采荠菜花、种痘；上巳临水祓禊、水滨祈子、曲水流觞；小满祈蚕、祀嫘祖、祛蚕祟；端午兰汤沐浴、艾虎蒲剑、避五毒；天贶晒龙袍、晒书、洗浴、簪茉莉、艇舟观莲；七夕乞巧、促织；中秋祭月神、拜月、赏月；重阳丰收祭祀、登高避灾、啖菊赏菊、佩茱萸、食蓬饵；冬至祀祖先、添线履长、拜冬、亚岁佳宴、九九消寒等。这一章章、一段段的情节，织成了一幅长长的传统节日历史文化画卷，绘出了中华民族节日生活丰富多彩、各色纷呈的真实图景，展现了中华民族昂扬向上、奋发有为的精神风貌。

方云博士是民俗学与非物质文化遗产保护专业的工作者，因此她笔下所叙写的传统节日事迹，大都是用诗歌、神话、传说、民俗、民间信仰、文人笔记等叙事方式来表现的，把真实的传统节日事像，融铸于大量的生活性、文学性、艺术性、知识性的故事之中，正是本书在叙事方式上的一个鲜明特点。诸如花朝节花神得道与男女十二花神故事、上巳节文人祓禊聚会故事、小满节嫘祖教民育蚕故事、七夕节乌鹊渡桥与智巧促织故事、重阳节孟嘉落帽故事等，这一段段的故事，就像一滴滴清甜的甘露，悄然渗入人们的心田，激起人们心头的涟漪，拨动人们内在的心弦，读了这些故事，才会让人们了解，什么是真正的节日生活，什么是真正的节日情怀。它们能够牢牢地烙印在人们的心里，成为一种永远留驻的印象，而不是像那些干巴巴的教科书那样，看了以后就很容易忘记。

方云博士也是一位激情澎拜、富有浪漫主义色彩的人文学者，因此她笔下所描绘的传统节日故事，无不充满了诗性与哲理，通过一个个传统节日事像的叙写，展现了一种对于典雅、崇高、自由、唯美境界的追求。这种境界不但深深地印刻在书中的字里行间，而且也充分地体现在她所精心选择的那些精美图像中。通过这些优美的文字和图像，作者把在有些人看来似乎有点土俗的中国传统节日塑造成了一种充满诗情画意的审美想象，传统节日中的人们都生活得这样的安闲、舒适、有趣、怡然自得，这种生活方式就是人们所朝思暮想的和谐生活理想，就是人类所追求的美美与共的整体发展目标。作者似乎是在用一种诗性的语言告诉人们，所谓现代化的生活，不仅仅只应该有洋房、汽车、金钱，也不仅仅是只应该有名誉与地位，而更应该有一种自由祥和的美学心境以及与他者共存的处世哲学。

我认识方云博士已经多年，虽然不是她的指导老师，但与她之间也有着深厚的师生之谊。多年来，她不但孜孜不倦地追求学问，在民俗学领域中取得了许多颇有价值的研究成果，而且也十分注重实践探索，将其所学的民俗学理论运用于当前民俗与非遗保护的实践之中。2022 年，她依凭自己丰富的民俗学专业知识以及对于文化遗产保护的满腔热情，在上海工艺美术学院创立了非遗传承研究基地，利用博物馆展陈的方式对手工纺织技艺等非遗项目进行了很好的宣传推广。随后，她又与上海黄道婆纪念馆合作，将黄道婆手工棉纺织技艺这一国家级非遗项目推广到当地的各个社区与青少年学生之中，使得黄道婆手工棉纺织技艺这一珍贵的历史文化遗产在广大的社区居民与青少年之中得到了很好的传承与弘扬。如今，方云博士的这种对于传统文化的热爱、敬畏、追求之精神，在这本充满诗情画意的《中国节——一年好景君须记》书中又一次得到了充分的表达与实现。

祝愿方云博士在保护与传承中华民族优秀传统文化的道路上不断前行，取得更多更大的收获与成绩！

蔡丰明

2024 年 7 月 27 日

前言

中国传统节日是中华文化的重要载体，是一个在时空序列轴上涵括天文地理、人文历史、伦理道德、政治经济、文学艺术、习俗风尚等多方面的宏大的知识体系，体现着中华文化的丰富性和多样性，是历史演进中的"人文化成"。中国的传统节日不仅是知识体系，也因其蕴含着诸如热爱生命、追求健康、敬祖孝先、尊老爱幼、弘扬正义、贵和尚美、团结和睦的中华传统美德，更是我们中华民族精神的写照与民族情感的凝结。

传统节日通过特有的符号与仪式以及丰富多彩的表现形式，超越时空传递着人间美好情愫，充满着人文关怀，至今在促进社会和谐、增强文化认同、巩固民族团结以及促进多民族文化交流与融合中发挥着重要的作用。节日与中国人民的生产、生活密不可分，是日常生活中不可或缺的部分，它凝聚着中国人的智慧，维系着中国人的情感，是民族文化的重要代表，是中国极为宝贵的非物质文化遗产。

节日能赐予我们温暖感、安全感和确定感。节日的"通过仪式"在自然能量与四季更迭间建立了联系，可令我们在自由和秩序之间达到一种平衡，从而更有意识地去感觉、珍惜生活中的特殊时刻。因此，节日教育对于人类，本质就是"以文化人"，以节日文化的方式浸润心灵世界。节日属于家庭、社会、集体，对于青年一代尤为重要。他们通过节日社会化，在"仰观吐曜，俯察含章"的远、近，仰、俯，往、还，取、舍的观照中，把握节日这一"时间阈限"宇宙转换的韵律节奏，体悟万物的气韵生机与天地境界的真意，更习得了法度处世的规矩，从而促使自己成为社会集体的部分。

中国自 2004 年加入联合国教科文组织《保护非物质文化遗产公约》（非物质文化遗产简称"非遗"），至 2024 年已走过了 20 年。《保护非物质文化遗产公约》将"社会实践、仪式礼仪、节日庆典"列为非遗保护五大类型之一，并特别强调要"提高人们，尤其是年轻一代对非物质文化遗产及其保护的重要意义的认识"。

2006 年 6 月，国务院批准的第一批国家级非遗名录中，包括春节、清明节、端午节、七夕节、中秋节、重阳节等，其中春节、清明节、端午节、中秋节四个传统节日成为国家法定节日。2009 年，"端午节"作为中国传统节日被列入人类非遗保护名录，这是中国首个进入此名录的节日遗产。同年，"羌族农历新年"被列入世界非遗急需保护目录。2016 年，中国二十四节气正式被列入人类非遗名录，标志着节日遗产已全面进入公众的生活视野。

近年来，我们看到中国传统节日经历了从衰微到复兴的过程，全国各地致力于提升节日遗产的影响力、知晓度、凝聚力、调节力，在塑造著名节日与节气品牌等方面，颇有成效。当代传统节日正处在复兴、重构的历史关口，如何使传统节日成为传承民族文化的载体，并适应现代社会的需要，是当下民俗节日研究与节日类非遗保护研究的关键问题。

正如民俗学家钟敬文所言："古代文学创作中所反映的民俗现象，不仅丰富了作品形象，其本身也正是珍贵的民俗学资料。"在社会快速发展与学科所需的条件背景下，本书以每月一节的讲述方式，通过对文学、民俗、图像等节日史料的梳理，借助神话、典故、诗词等对传统节俗的产生、发展、演进加以解读，从溯源、演变，到不同节俗的呈现、展演，再到在现代语境下提出对节日传统的继承与赓续，最后针对传统节日的复兴与重建进行节日文化、节日精神与节日价值的阐述，旨在引领公众重新认识传统节日，共同参与至大众节日生活与文化精神的建构之中。

对本书的内容与主旨简要概括而言之，可总结为以下三点：一是在对传统节日的历史知识梳理中，重建传统节日的物质系统与节日文化符号；二是通过对神话故事、地方方志、民俗文献、诗歌典故的材料挖掘，复兴传统节日的仪式与习俗活动，为大众节日生活做出引导；三是通过对节日材料的分析与当代社会具体节日案例的总结剖析，重视传统节日精神核心的建设，提升公众对节日精神赓续与节日遗产传承的意识。

期待本书对传统节俗的挖掘、梳理与阐述，可帮助读者找回生活世界中的仪式感，重拾节日情感与节日人文精神，亦期待本书可为传统节日如何更好地服务于大众文化与精神生活提供恰当的指导。

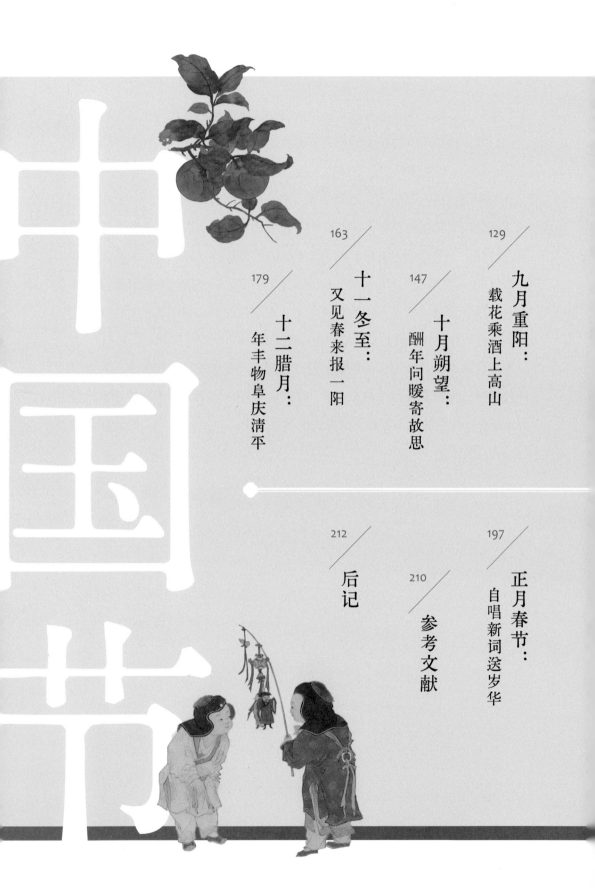

目录

宦者

一月立春

殷勤为作宜春曲

"春度春归无限春，四时难得是佳辰"。立春，在《群芳谱》中的解释是："立，始建也。春气始而建立也。"在这里"立"的意思是"启始"，自今日起春回大地，万物更生。《史记·天官书》将立春作为四季更迭之始，"立春日，四时之卒始也"。民间还将立春称为"正月节、岁节、改岁、岁旦"等，素有"新春大如年""春朝大于年朝"的说法

作为中国二十四节气之首的立春，自古以来就是安排生产与生活的关键节点，为新一轮的农业生产活动提供了时间坐标。从官方至民间，丰富的立春仪俗显现出别样的勃然生机。

一、立春仪式：迎春、鞭春与打春

"国以农为本，民以食为天"。农桑耕织是我国数千年来的优良传统。立春时节，东风解冻，万物复苏，正是劝农及时耕作之时。自周代开始，天子会在立春日率领朝臣前往东郊举行隆重的迎春仪式。在《礼记·月令》中就有这样的记录，"天

子率公卿诸侯大夫以迎春于东郊"。至迟于汉代，迎春已成为一种全国性的礼仪制度，在《后汉书·礼仪志》中对如何迎春有了更为详细的描述：立春当日，京都的官员都要穿上青衣，下级县令官吏也要身着青色，举着青色旗子，在东郊门外举行耕牛的仪式，为百姓做榜样，以示劝勤。

为什么人们都要穿青色的衣服，前往东郊迎春呢？这是因为古人以"五帝五神"配"五方五行"，其中东方帝是青帝太昊，祭祀的东方神则是春神句芒。"芒，芒神也，立春日迎之。"春神句芒，又作"勾芒"。古时候，"芒"是"萌"的通假字。《礼记·月令》说："季春句者毕出，萌者尽达。"意思是春天到来，草木种子发芽出土，弯曲的叫"句（勾）"，直立的叫"萌"，是不是非常的形象？

那么春神句芒到底是什么模样呢？《山海经·海外东经》中呈现给我们的是"鸟身人面，乘两龙"。在明代刻本《山海经》中，句芒被画成两种形态：一种是"人面鸟身，鸟爪乘双龙"，还有一种是"人面人身，鸟爪乘双龙"。

在中国的上古传说故事中，句芒是掌管草木的神祇，春天一到，草木萌发，生机勃勃。同时，句芒也主管农事，《汉书·艺文志》中说是句芒发明了罗网。后来，因句芒可为自然万物赋予生机，又引申出它的神职——可为人增

句芒（《山海经》，明万历刻本，
中国国家图书馆藏）

句芒（明 蒋应镐《山海经
（图绘全像）》）

寿。在《墨子·明鬼》中就曾记载了秦穆公被春神赐寿的故事：秦穆公在祭祀先祖时，突然见到一位"鸟身、方面、着素服"的神，十分惧怕，意欲逃走。而神却让他无须惧怕，因为他有功德，会多赐予他十九年的寿命，保其国家昌盛，子孙繁茂，这位神灵即为句芒。后世，人们在立春祭祀句芒，有祈求风调雨顺、国泰民安、五谷丰登之意。又因春神是掌管万物复苏，还可赐人寿命的生命神，故而前往东方"迎接春神"应是最为隆重的仪式。

迎接春神句芒的队列，一般由鼓乐仪仗队担任导引，中间是州、县长官率领的僚属，后面紧随的是手执农具的农民。当一众人行至县城东郊门外，要向先制作好的芒神与春牛(分为泥塑和彩扎等形式)行"二跪、六叩首"之礼。负责礼仪的执事，手举壶爵，斟满酒授予长官，长官接酒酹地后，行"二跪、六叩首"礼后，至春牛前作揖。礼毕，再将芒神迎回城内，而青牛则会被击碎，完成整个"新耕祈谷、劝农勤作、争取丰年"的盛大仪式。

天津杨柳青木版年画《春牛图》

作为"迎句芒"仪式的结尾，"鞭打春牛"是西周既兴的古老民俗，源于"土牛送寒气"的古仪，如《礼记·月令》中有"出土牛，以送寒气"的记载。后被历代沿袭，唐宋尤盛。在唐代迎春仪式中，"句芒"神的扮演者，手执锄头，挥鞭吆喝，击打泥牛，表示立春已到，准时春耕播种。两宋时期，鞭春牛之俗传播更广，相传临安府前置大春牛，皇帝驾临时，内官皆用五色丝彩杖鞭牛。春牛身上饰以文彩，或赤或青，或黄或黑，鞭牛之杖被称为"彩杖"。中国传统木版年画就有一类《春牛图》：骑坐在牛背上的儿童挥动着柳条与五彩鞭，击打春牛。

抢春，是指将泥塑的土牛击碎后，引来众人分抢。为什么要哄抢不值钱的泥块呢？正所谓"祀句芒，鞭土牛，争拾牛土，谓可疗疾"，带有春神福泽的春泥可作为药引，疗愈疾病，同时也是庇佑生命的象征物，这在诸多方志文献中均有记载。这种争抢春泥的风俗，上至宫廷下至民间，无不乐之。

除去疗疾，春神还孵化蚕种，孕育生机。例如唐代诗人元稹的诗句："鞭牛县门外，争土盖春蚕。"春泥可为蚕桑丝织提供庇佑。在宋徽宗的《宫词》中有诗句："春日寻常击土牛，香泥分去竞珍收。三农藉此占丰瘠，应是宫娥暗有求。"民众争抢春牛碎片，抱回家中以求丰年，而宫中的女子是为乞求子嗣，希望春牛碎片带来生命的繁衍。

古老的迎春仪式至今仍在我国众多地区上演。如浙江衢州九华的"立春祭"，"鞭春牛"是整个仪式链的重要环节，由选定的儿童装扮成芒神鞭打春牛，以示开耕；湖南吉首的"乾州春会"祭春仪式中，由一人扮演春神向众人念五谷词、抛撒五谷，以求丰年；广西西林县壮族的"舞春牛"，竹编的牛身披红挂彩，两侧各站一名手持牛鞭的牧童，他们负责引导，并在行进中表演

敦煌壁画第 23 窟《雨中耕作》（敦煌研究院藏）

各类农事活动的舞蹈；还有贵州省石阡县的"石阡说春"等。中华大地上丰富的迎春仪式，充分表达了民众对"风调雨顺、五谷丰登、国泰民安"的企盼。

二、立春演乐：说春、唱春与演春

相较于官方劝耕仪式的盛大与严谨，民间的立春演乐则显得更为欢乐、谐趣。春官，是指在立春仪式中播报春日消息的人，多由乡村中老年男性担任。立春前数日，春官手执小锣、竹板，一边敲击，一边口唱赞春词，挨户送春牛图或财神画像，意为送"春"上门。家家户户相赠几个小钱，称为"报春"，意为报告春天已到来，须抓紧春耕。报春的另一层用意，是迎接春神句芒，平添几分财气以示酬谢。春官送来春之福泽，所到之处，士农工商都要作揖礼谒，笑脸相迎。

唱春与演春是报春的演化形式。清人李声振在《百戏竹枝词》中描述了报春的春官扮相："一样朱衣纱帽妆，倒骑牛背意堂堂。笑他抢地还应惯，赢得头颅号研光。"扮春官的伶人秃顶，头系冠带，倒骑牛背，以戏谑的方式引来众人的哄笑与围观，将演春转变为一种大众性的娱乐方式。

唱春是在立春的前一日，前有唱秧歌者引导，报春倌沿门唱春乞钱，唱词多为丰年之乐，如祝"官升迁、财常至、多子嗣"等，因讨口彩而颇受民众欢迎。清人朱士彦的《安宜冬日竹枝词》诗句描写了立春日锣鼓喧天、处处唱春踏歌的热闹景象："剪彩句芒结束新，官符唤取踏歌人。春锣春鼓喧喧闹，处处人家听唱春。"又有诗句云："垄断旗亭白望过，盘茶面目笑人多。皤然脂粉真无赖，愧似黄州春梦婆。"将唱春扮丑、供众人取乐的世俗生活部分，描绘得淋漓尽致。

演春是以上演剧目的形式来娱神、酬神。宋扈仲荣在《成都文类》的引言中道："将春前一日，有司具旗旄、金鼓、俳优、侏儒、百伎之戏，迎所谓芒儿、土牛，以献于二使者。"这里的"俳优"是指古代演滑稽戏、杂要的艺人，"百伎之戏"是对汉族民间诸技的称呼，包括杂技、角氐、幻术、游戏等。清孔尚任所撰写的《平阳府志》"风俗"卷中也有关于迎春演剧的描述："多演剧为乐，随其村聚大小，隆杀有差。乡镇之香火会，扮社火演杂剧。"说的就是各村落立春演剧的隆重程度与丰富形式。

在中国南方的客家地区，春官、春吏以及春神多由男童装扮。"抬春色"是指立春演乐的抬阁习俗。清代《粤游小志》中就曾记载了潮汕、梅州地区的抬春色习俗，"立春前二日，商人争办抬阁，社户以小儿扮抬歌诸戏迎春。"将孩童装扮成春神句芒或其他各色神人，或端坐，或站立在高高的台阁之上，由两人或四人抬着行走于迎春的游行队伍。所至之处，众人披红、鸣放炮仗、抛洒粮果，热闹非凡。清人宁赞承在《河阴竹枝词》中描述道："妆扮儿童上彩竿，迎春锣鼓要人看。土牛才用花鞭上，风雪翻添一夜寒。"又有清人曹润堂的《太谷竹枝词》："迎春大典为皇恩，马社多穿猓猁狲。更有一番奇巧处，个中抬阁欲销魂。"演春习俗无不包含着浓厚的农耕文化色彩，在娱神娱人的过程中，表达出祈求丰年与富足生活的民俗心理。

三、立春装饰：春帖、春幡与春胜

立春的吉祥装饰，首推春书。春书，又称春帖子，是立春日剪贴于门帐上，书有诗句的帖子。宋周密在《武林旧事》中记述了宫廷里春帖的制作方法：用罗帛做底衬，在其上书写五言、七言绝句，或用金丝彩线刺绣，或用金箔剪贴，然后于立春日，悬挂在宫闱门帐之上。"帝、后、贵妃、夫人诸阁各有定式，绛罗金缕，华灿可观"。

最早的春书，可追溯至敦煌诗《立春》："五福除三祸，万吉消百殃。宝鸡能僻恶，瑞燕解呈祥。立春著户上，富贵子孙昌。"诗句中的"宝鸡、瑞燕"为"至阳"，成为立春日的剪彩之物，是趋福避祸、护室宜家的厌胜与祈福手段，这也是迄今为止中国最早的桃符题辞。三国时期，傅咸写下了《燕赋》，其中就提到"四时代至，敬逆其始，彼应运于东方，乃设燕以迎至"，说明"剪燕"

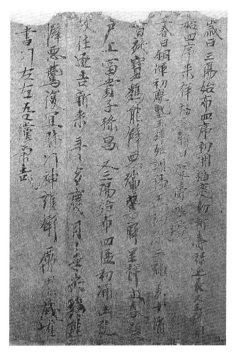

敦煌写卷 S.610v《立春》
（敦煌研究院藏）

镂有宝鸡与玉燕的金银春胜
（河北定州静志寺塔地宫出土）

是为了迎接春天的到来。南朝梁宗懔也在《荆楚岁时记》中记述了"悉剪彩为燕以戴之"的风俗。

春书为"迎春吉物"，书写春书为"迎春之礼"。因书写春贴的过程，本身就是"煊烂、清静"的，所以在文人雅士之间相当流行，又因其充满了寄寓美好愿望的仪式感，而为世人所好且代代沿袭，传说此礼越盛行，年谷越丰裕，极为灵验。

写有"宜春"二字的春帖子，被称为"宜春贴"。"宜"的古字形像砧板上放着的两块肉，本义是菜肴或为祭名，有饱饭且有肉吃，生活自然是惬意的，故"宜"又引申为"相宜、适宜"，有美善之义。

傅咸在《燕赋》中认为，写春书不仅是对春天的礼赞，更是为美好的年景送上祝福："御青书以赞时，著宜春之嘉社。"《荆楚岁时记》中也明确指出"立春之日，帖（贴）'宜春'二字"。唐时，称为"宜春胜"，如苏颋的诗句"初年竞贴宜春胜"，李商隐的"请爷书春胜，春胜宜春日"，孙思邈的《千金月令》中也有"立春日贴宜春字于门"的记述。

| 商 | 西周 | 春秋 | 春秋 | 战国 | 《说文》古文 | 《说文》小篆 | 汉 | 楷书 |

《说文》古文

"宜"字古字形

1918 年，《少年》杂志中写宜春贴、剪春燕的场景

宋代诗词中颇能反映出赐"宜春"字的流行，如宋浩的"争看钗头䌽胜新，金字写宜春"，毛滂的"玉冷晓妆台，宜春金缕字，拂香腮"，夏竦的"彩幡红缕宜春字，永奉宸慈亿万年"，晏殊的"青幡乍帖宜春字，翠旛初迎入律风"等。明清时期，写春书、贴宜春习俗盛行不衰，如《北京岁华记》述"帖宜春字，小儿女写好字"，乾隆《河间府志》记"立春，观土牛、帖宜春字、茹春饼、钉春盘"，光绪《寿阳县志》述"正月元旦：贴宜春字"，等等。

除去宜春贴，迎春吉物还有春幡、春钗与春胜。宋代类书《锦绣万花谷》中记述了春幡的盛行："立春日，士夫之家剪纸为小幡，谓之春幡。或悬于佳人之头，或缀于花枝之下；又剪为春蝶、春钱、春胜以为戏。"仿佛看到春天复苏的昆虫缭绕于春幡装点的花枝之中，春虫、春蝶、春花、春钱成为新颖的剪彩春胜。宋高承的《事物纪原·春幡》中提到用各色丝织品剪刻成的小幡，重重叠叠且连缀在一起的装饰方法："春日，刻青缯为小幡样，重

北京
岁华记
先除
夕一日
日小
除人家
置酒
宴往来
交调
日别岁
焚香
拜户外
曰天
香凡三
日止
帖宜春
字小
儿女窝
好字

别　岁

《别岁》画作中写春帖、贴"宜春"的场景（晚清《点石斋画报》，上海市历史博物馆藏）

中国节——一年好景君须记

累凡十余，相连缀以替之。"宋人孟元老在《东京梦华录》中也描述了老百姓喜欢用春幡与雪柳来装饰花栏、春牛以及百戏人物，并相互赠送的习俗："立春前一日，百姓卖小春牛，往往花装栏坐，上列百戏人物，春幡雪柳，各相献送。"

文人将春幡戴于美人头上、插于鬓发间的描述，与春胜、春钗、佳景、佳色、佳人等的诗意渲染，更让迎春吉物平添了几分美好的情愫。如辛弃疾的"谁向椒盘簪彩胜。整整韶华，争上春风鬓"，陈师道的"鬓边彩胜年年好，樽下歌声日日新"，苏轼的"春牛春杖，无限春风来海上。便丐春工，染得桃红似肉红。春幡春胜，一阵春风吹酒醒"，朱淑真的"罗幡旋剪称联钗"等，他们不吝笔墨地表达对春光韶华的无限喜好与珍爱。

"春已归来，看美人头上，袅袅春幡"。旧时女子于立春日回娘家的归宁被称为"望春"。春，代表希望，有人丁兴旺、家族发达之意。徽州地区的歙县、黟县等地，立春前数日，出嫁女回娘家省亲，立春日必须从娘家返回。返回时，乘青舆、着青衣，行动必张伞，还得恰恰在立春那个时辰跨入家门。俗传此行可将春膏带入家门，出嫁女望春之后即可得子。"手擎雨盖踏香街，鞋袜裙衫一色裁。入室大家开笑口，望春恰恰共春回"，描写了深居简出的徽州女子归宁，乘膏舆，衣青衣，行必伞，以立春之时入门的望春习俗。春幡、春书、春钗、春胜不仅具有节日装饰的作用，更寄托了人们在喜迎春天来临之际对新生活的美好祝福与憧憬。

清 雍正 《十二美人图》（故宫博物院馆藏）

四、立春饮食：春盘、春茶与春方

立春万物生发，春日宜"时新尝鲜"，从而衍生出"食五辛盘、咬春、煴春、立春方"等一系列习俗。一是出于防春困、避疫病、强身健体的需要，二是有接春接福、迎祥纳吉之意。

春盘，又称五辛盘，是由五种春天上市、具辛辣之味的蔬菜调和而成的。唐代韩鄂《岁华纪丽》云："盘号五辛，筯称万寿。"李时珍《本草纲目·菜部》曰："五辛菜，乃元旦、立春，以葱、蒜、韭、蓼蒿、芥，辛嫩之菜，杂和食之，取迎新之意，谓之五辛盘。"范成大的《立春》诗云："青丝菜甲，银泥饼饵，随分杯盘。"杜甫的《立春》诗句："春日春盘细生菜，忽忆两京梅发时。盘出高门行白玉，菜传纤手送青丝。"以及韦庄的"雪圃乍开红菜甲，彩幡新剪绿杨丝。"崇尚雅致生活的高濂在《遵生八笺》中更将"五辛盘"谓为"洞庭春色"。这些生动的描写均传递出春菜的秀色可餐。

"咬断紫菘春恰到，一年生事卜春风"。咬春，是指在立春日进食辛辣的青萝卜或紫萝卜。清人蒋诗在《沽河杂咏》中写道："迎得新春又咬春，紫花菘复及时新。年年岁岁春先到，春酒安排要请人。"这里的"紫花菘"即指紫心萝卜。吃春饼、春卷也可谓咬春。清人金孟远在《吴门新竹枝》咏道："粗包细切玉盘陈，茗话兰闺盛主宾。每到立春添细点，油煎春卷喜尝新。"冯问田的《丙寅天津竹枝词》也写道："一盘春柳晨餐荐，始识今朝正立春。"这里的春柳指的是将鸡蛋摊片切丝，并拌上切成小段的春韭，后来演变为薄饼卷鸡蛋、韭菜的春饼。

煴春，是江浙地区立春的茶俗。清郭钟岳《耕籍田》记："太守堂前偃月田，立春偷种卜丰年。煴春烧得香樟叶，黑豆糖茶著意煎。"立春夜，前往官署的田中偷种五谷来占卜来年的丰歉，烧樟树叶煮黑豆糖茶，有些地区则是用红豆、红枣、桂圆、陈皮、桂花、红糖等六种配料烧煮。喝了樟树叶煴煮的春茶，不仅身体强健，生活红火，还能护佑儿童平安成长。正所谓"叶烧樟树趁芳辰，爆竹千声气象新。俗字一编须记取，好将痓夏对煜春"。

　　燂春，是一种用于避疫防邪的医俗。立春日焚烧樟叶，用樟树木屑燃烧的烟熏灼室内，将上一年的秽浊之气驱赶以避瘟疫。《临海县志》载："立春，民家焚樟木屑于炉，谓之'接春'。"南方有些地区是在空地上铺设并点燃一条间以樟树枝叶的稻草带，在炮仗声中孩童们勇敢地从火堆上一跃而过，这种立春跨火堆的古老仪式早于先秦就已出现。有《竹枝词》云："数九过去天转温，劈了樟木好燂春。烟气滚滚驱五毒，合家老小保太平。"燃放爆竹、焚烧樟树枝，不仅可祛退阴气、宣达阳气，更蕴含了驱邪迎祥、护生催长的美好企愿。

　　"彩胜金幡梦里，茶槽药杵声中"。立春还是"去疾立方"的好时机。关于立春日以土祛疾的方法，早在敦煌文献中就有记录。敦煌《单方》写道："立春日，取富儿家田中土作泥，泥灶，大富贵者，吉。"此方又被称为《立春日择吉方》，意思是于立春日动土作灶，通过获取富贵人家田中泥土做灶以祈富

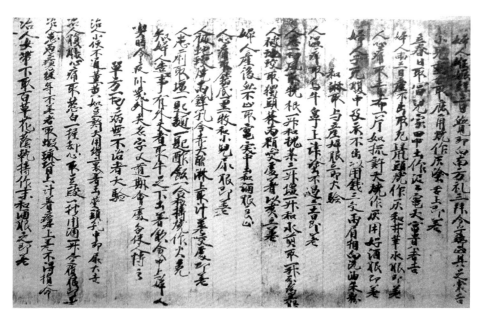

敦煌医药文献 P.2666v《单方》（敦煌研究院藏）

贵，具有一定的巫祝意味。清人龚澄轩的《潮州四时竹枝词》也记述道："满城儿女看鞭春，一岁阴晴辨有人。拾得土回邪可压，黄蕉丹荔赛芒神。"鞭春仪式之后的泥土不仅是禳灾去疾的良引，也是古人用于沐浴的香方。如宋代《云笈七签》载："以立春日清晨，煮白芷、桃皮、青木香三汤沐浴，吉。"

五、结　语

"一年之计在于春，一生之计在于勤"。自周天子亲率三公九卿，前往东郊迎春，传达顺天施政，并亲躬籍田以祈丰年，到唐宋立春节俗固定，皇族与万民同庆，再到明清立春地域化多样态发展，以及民国时期于立春日设立"农民节"以提振士气，数千年来的历史演进，立春始终未脱离土地耕种与民众生活的主线。作为二十四节气之首的"立春"，在时序上正处于春节节日活动密集的时段，与整个春节仪式并轨互借，但又保留了独特的劝耕、劝勤、惜时、立志、祈福、禳灾等诸多功能，成为生命、更新与希望的象征。

"殷勤为作宜春曲，题向花笺帖绣楣"。我们也可喜地看到，近年来在许多城市的公共文化活动中恢复了古老的迎春仪式，同时也融入了当代时尚元素，文艺工作者创作迎春文艺作品，学校倡导书写宜春帖，社区组织品尝迎春宴，这些民众参与度高的活动可以提升立春的节日仪式感、集体归属感、生活时序感，从而传播立春的文化内涵与美学意蕴。在美丽的古村落，立春仪式也正被打造成乡村文化景观，成为乡村旅游的宝库资源，立春的仪式活动、戏曲表演、时令风物、文化创意衍生品等与乡村自然景观共同构建了完整的乡村文化生态，有利于拉动乡村经济文化双重振兴的良性循环。

立春这一古老的节日与节气，饱含着中华先民的生活智慧与生存哲学，于四季返复的自然时空中，持续调剂着人与天地、人与社会、人与人之间的和谐共生关系。立春寄寓的是民众对风调雨顺、幸福安康的永恒追求。人们心怀对春天的向往与美好，在尽情享受春光、春色的气氛中形成人际关系的良好互动。

二月花朝

百花生日是良辰

中华民族古称"华夏"，"中华"为"中国"与"华夏"的并称。唐朝经学家孔颖达在《春秋左传正义》中对"华夏"二字做了注释："中国有礼仪之大，故称夏；有服章之美，谓之华。"这里的"夏"是"广大"的意思，"华"是指服饰的"华美"，从地理与文化的双重层面强调了中华作为"礼仪之邦"的历史来源。

从古文字的演变来看，甲骨文的"华"字是一棵满是花枝的树，花枝上的蓓蕾初绽，饱满圆润，即将盛放。金文的"华"字，初见于西周，古字形似花朵，本义为草木之"华"，《说文解字》释为"华，荣也"，后引申出"美丽、光彩"与"繁华"之意。在先秦两汉的诸多文献中，多出现"华"字。《诗经》里出现的"荷华"（荷花）、"舜华"（木槿花）、"苕之华"（凌霄花）、"唐棣之华"（扶苏）等，均表示"花朵"的意思。

华夏儿女是"华／花"之儿女。"华夏族"以采摘种植和农耕生产而著称，最早推广采摘种植的首领为"华"，最早推广农耕生产的首领为"夏",农业的推广使得先民们衣食有保障,民族才得以繁衍、繁盛并迅速壮大。古往今来,中国人爱花、赏花、惜花、护花,历朝历代诸多瑰丽的"花"之神话传说、诗词歌赋、文学艺术、信仰民俗等,可集中于曾盛行一时的节日——花朝节,予以呈现。

甲骨文	金文	篆文	隶书
> 3600 年	> 3000 年	> 2200 年	> 1800 年

"华"字的演变

晋侯壶铭文中的"华"字(西周中期,山西博物院藏)

二月花朝:百花生日是良辰

一、花朝节的历史由来及其演变

花朝节，简称"花朝"，亦称"花神节""百花生日""花神生日"等。最初，花朝节的节期并不固定，有的区域是农历二月初二，有的为二月十二，有的则定在二月十五（望日），盖因时、因地、因候之差别，各地花期不同，故而选择不同的节期。不难看出，游春赏花是促使花朝节萌生并发展的重要民俗活动，最佳时间恰是仲春二月望日，此时节恰对应古老的四时八节中的春分。

汉董仲舒的《春秋繁露》中说："春分者，阴阳相半也，故昼夜均而寒暑平。"春分节气中的"分"有双重含义：一是季节平分，春分日正处于立春与立夏两个节气之中，正好平分了春季；二是昼夜平分，在春分这天，昼夜等长。正如宋人易正达的诗句所云："莺花世界春方半，灯火楼台月正圆。"从阳气始升到大盛，适合百谷花木蓬勃生长，因此花朝终不出春分前后，正是人生好时节。

对于花朝节于何朝形成，历史考据并不统一。学界有的观点认为，花朝节发端于春秋末期。清代秦嘉谟在《月令粹编》中引《陶朱公书》写道："二月十二为百花生日，无雨，百花熟。"陶朱公是春秋越国的政治家、军事家范蠡于吴地时所取的自号，因此书中记载的月令习俗带有明显的吴越痕迹，故有花朝出现不晚于春秋的推论。虽然花朝起源仅为推测，但花朝发展于魏晋南北朝时期，定型于唐宋年间，并盛行于明清，是学界一致认同的观点。

春日的花朝节与秋时的月夕节是唐代岁时中最为重视的节日，也是最为巧妙的两个节日。此二节在时序上相对，"二月望（十五）为花朝节。盖花朝月夕，世俗恒言二、八两月为春秋之半，故以二月半为花朝，八月半为月夕也"。花朝是仲春百花齐放的大好时节，而月夕则处仲秋天高气爽，"春祈秋报"，凸显出中国人注重阴阳调和与自然和谐的时令观念。

论及唐人庆贺花朝的方式，自宫廷风靡至士人阶层，异乎风雅也别有情致。在皇家，唐太宗李世民在花朝节这天曾亲自到御花园中主持"挑菜御宴"，而武则天则爱花成嗜，每到花朝，总要令宫女采集百花，和米一起捣碎，蒸成花糕赐与群臣。《唐文拾遗》卷三十七《唐韦君靖碑》中记载了唐时宫廷宴飨的盛况："每遇良辰美景，月夕花朝，张弦管以追欢，启盘筵而召侣，周旋有礼，揖让无哗，樽酒不空，座客常满。"

"花朝月夕，吟诗作赋"是唐代上流社会与仕族的主要庆贺方式。如《旧唐书·崔咸传》中写道：崔咸擅长写诗吟诵，每到花朝月夕，风和月朗，便高声唱吟而潜然泪下，当时名流皆感叹其志趣高奇。另有《旧唐书·罗威传》记述了罗威天性聪敏，达于官场，又长于儒学，每逢花朝、月夕，与宾佐一起赋咏歌诗，甚有情致。还有传奇勇将罗弘信每逢花朝、月夕，都会招纳文人，聚书至万卷。他与宾朋嘉友于花朝、月夕的良辰美景中宴饮集会，共同赋诗咏唱，情致盎然。

随着宋代市井文化与都市生活方式的兴起，南方市镇因花卉业的繁荣而兴盛，鲜花经济成为产生花朝节花神信仰的直接推动力，并与花朝节俗娱乐结合，逐步定型。南宋吴自牧在《梦粱录》的"二月望"条中描写道："仲春十五日为花朝节，渐闻风俗，为春序正中，百花争望之时，最堪游赏。"在宋代的都城，花朝节成为市民初春第一次大型出游与社交的日子，无论男女老幼、贫富贵贱，均将当时最流行的簪花样式戴在头上，正如《洛阳牡丹记》所述："洛阳之俗，大抵好花，春时，城中无贵贱皆插花。"宋代词人周密的《一枝春》可算是宋人过花朝的一幅整体白描图："宫壶未晓，早骄马绣车盈路。还又把月夕花朝，自今细数。"

除了与唐代共有的雅会特征外，宋代花朝节还增添了许多世井的生活内容，如扑蝶会、挑菜会、逛市集、拈香、燃灯、祈福等。《诚斋诗话》中载："东京以二月十二日曰花朝，为扑蝶会。"还有赏红、挂红："是日（花朝）闺中女郎扑蝶会，并效崔玄微护百花避风姨故事，剪五色彩缯，系花枝上为彩幡，谓之赏红。"女子将五色彩笺用红线系到花树上，或以绸缎、旌旗装扮花草树木，保护花木不受风折，并祈求花神福佑自身。

南宋吴自牧在《梦粱录·二月望》中对临安城花朝节胜景的描述："仲春十五日为花朝节，浙间风俗以为春序正中、百花争放之时，最堪游赏。都

宋 佚名 《纨扇画册之春游晚归图》（台北"故宫博物院"藏）

中国节——一年好景君须记

人皆往钱塘门外玉壶古柳林、杨府云洞、钱湖门外庆乐小湖等园，嘉会门外包家山、王保生、张太尉等园玩赏。此日帅守、县宰率僚佐出郊，召父老赐酒食，劝以农桑，告谕勤勒，奉行虔恪。天庆观递年设老君诞会，燃万尽华灯，供圣修斋，为民祈福。士庶拈香瞻仰，往来无数。崇新门外长明寺及诸教院僧尼，建佛涅槃胜会。罗列幡幢，种种香花异果供养，挂名贤书画，设珍异玩具。庄严道场，观者纷集，竟日不绝。"除了雅会赏花，还有听经讲道、饮酒吃茶、烹笋作诗、听戏裁衣以及谈婚论嫁等，宋时花朝节之丰饶不一而足，充满了生活世界的人情世故。

元代时，花朝节在民间的影响力不断扩大，受到官方前所未有的重视。从元人许多诗句中可以看到，花朝节是劝农耕种的重要时间节点。例如杨公远的《花朝》诗"翻忆昔年成感慨，长官出郭劭耕民"，舒頔的《劝农文》"华朝之日，令出郭载酒肉为尔农劝者，重农事也"。元代朝廷还专门设置了"司农司"和"劝农使"等农业机构与官职，在花朝节日这一天，诸如帅守、县宰等官员要率僚佐到郊外，备好酒肉饭食以昭告乡邻父老，务必勤勉农桑，严格律守农耕稼穑。

到了明代，花朝节官员要放假一日被写入了大明律例，朝廷会在此日赐宴文武百官，这在《明神宗显皇帝实录》《大明会典》等典籍中都有所记述。民间的节日庆典更为恣意，民众外出踏青，花下饮酒，络绎不绝。明代文学家马中锡更将城中女子头戴花饰的明艳与烂漫春色相互映衬，他在《宣府志》中记述道："花朝节，城中妇女剪彩为花，插之鬓髻，以为应节。"

清代的花朝节俗更为丰饶，除了赏花踏青，花朝宴飨也非常丰盛，会分食百花糕、百花粥、百花酒，还要相互馈赠。如清代文学家孔尚任在《桃花扇》中描写众人骑马游春，携酒赏春，花香酒香，醉人缱绻的花朝景象："千里仙乡变醉乡，参差城阙掩斜阳。雕鞍绣辔争门入，带得红尘扑鼻香。"诗人郭麐的《菩萨蛮·花朝饮》："去年春在否，今日花朝酒。"徐积的《寄张景修》："吴市花朝酒，松江月夜船。"

清 康熙 五彩十二月花神杯（故宫博物院藏）

从花朝的风雅诗句，到春色的宴飨赏玩，再到农家的辛勤耕种，这个节日自诞生就与生命、生产、生计、生活密不可分。不仅是对春日鲜花绽放的生命赞美，更包含了对理想生活的诸多想象与创造，最终更是回归于惜时奋进的本真生活。

二、花朝节多元的花神体系

"百花生日是良辰，未到花朝一半春；万紫千红披锦绣，尚劳点缀贺花神"。这首清代诗人蔡云的《咏花朝》是江南民众庆贺百花生日盛况的真实写照。祭祀花神，最早源自先民对花的自然崇拜，这种朴素的生命观是建立在对自然界花卉春华秋实强大生命力的崇拜基础之上的。被子植物多拥有强大的繁殖能力，从中萌生了母系社会的生殖崇拜，花神向来被奉为掌管人类生育、繁衍的神明。

在中国的神话传说中有诸多花神，其中有两位公认的女神，一位是女夷，另一位是花姑。女夷清丽高雅、玉净花明，潜心修炼为神，主春夏长养、百花荣枯。《淮南子·天文训》对花神女夷的神职是这么描述的："女夷鼓歌，以司天和，以长百谷禽兽草木。"只要女夷击鼓而歌，谷物、花草、动物都会随之生长，一派生机。杜台卿《玉烛宝典》中考据女夷为天帝之女，当她司神职时，喜鼓乐欢歌，人间便是一派春和景明的祥和景象。

《中国民间俗神》记载，花姑是一位以种花为业的女子，因崇道奉祀南岳魏夫人而一跃成为花神。魏夫人在礼斗坛时白日飞升成仙，此后，她的侍女麻姑也位列天庭仙班，她的弟子花姑则成为花神，掌管天下名花。传说花姑原名黄令徵，是江西临川的女道士，年逾八十，形貌却仍像处子。她曾把魏夫人在抚州并山的静室、临川的坛宇这两处已经荒芜了的胜迹整修一新，魏夫人闻知后，托梦给她，详加教诲，花姑得魏夫人教授传道，亦得道成仙。宋人曾慥在《类说》"花姑"条中记载："魏夫人弟子，善种，谓之花姑。"明代王路《花史左编》"花姑"条也记载："魏夫人弟子，善种花，号花姑，

清 徐玫《天女散花图》局部（大英博物馆藏）

二月花朝：百花生日是良辰

晚清 潘振镛《花神图》（旅顺博物馆藏）

诗春圃祀花姑。"在后世的口头流传中，神话中的女夷与道教的花姑逐渐合二为一，如明人王象晋《群芳谱》"花神"条载"花姑为花神"，"魏夫人弟子黄令征，善种花亦号花姑，一名女夷"。

在民间，民众予花卉以人格力量——为各种花草树木都寻找了一位花神作为它们的司命之神，此外民众还将历史中杰出人物的品行、轶事、典故与十二月令相连，形成了一套更为丰富的花神谱系，以期将花神的影响力最大化。"花神"开始从单一、固定的女神形象转向更为多元的文化表征。

在十二花神的女神系列中，虽然每月花神会有多位女性人选，但每一位都有过人的才华与非凡的境遇，民众对她们或仰慕赞叹，或心生悲悯，将她们尊为花神是对这些杰出女性道德品行以及人生价值的积极肯定。正月水仙花神甄宓，二月杏花花神杨玉环，三月桃花花神戈小娥，四月牡丹花神丽娟，五月石榴花神公孙氏，六月荷花花神西施，七月海棠花神李夫人，八月桂花花神绿珠，九月菊花花神梁红玉，十月芙蓉花神貂蝉，十一月兰花花神苏小小，十二月梅花花神江采萍。

将男性引入花神序列，皆因出自对"君子以植物比德"的考量。正月兰花神屈原，他写有"滋兰九畹，树蕙百亩"相关诗句；二月梅花神林逋，终身无妻无子，隐居西湖，种梅养鹤，人称"梅妻鹤子"；三月桃花神诗人皮日休写有名篇《桃花赋》；四月牡丹花神欧阳修著有《洛阳牡丹记》；五月芍药花神欧阳修在担任扬州太守时，一度下令保护芍药花，赞"扬州芍药为天下之冠"；六月石榴花神江淹著有《石榴颂》；七月荷花神周敦颐著有《爱莲说》；八月紫薇花神杨万里写有"谁道花无百日红，紫薇长放半年花"诗句；九月桂花神洪迈（或洪适）写有《桂花》诗；十月芙蓉花神范成大，有《窗前木芙蓉诗》；十一月菊花神陶潜有"采菊东篱下"的名句；十二月水仙花神高似孙著有《水仙花赋》。

而男女相间形成的十二花神，更是与中国阴阳相合的哲学观念相契合。清乾隆时袁栋的《书隐丛说》："汤若士《牡丹亭》传奇中有花神。雍正中李总督卫在浙时，于西湖滨立花神庙。中为湖山土地，两庑塑十二花神，以象十二月。阳月为男，阴月为女，手执花朵，各随其月，其像坐立欹望不一，状貌如生焉。今演《牡丹亭》传奇者，亦增十二花神焉。"

具体分为：花王牡丹花，末生扮唐明皇；正月梅花，小生扮柳梦梅；二月杏花，五旦扮杜丽娘；三月桃花，老生扮梅延照；四月蔷薇花，刺旦扮杨玉环；五月石榴花，净扮钟馗；六月荷花，作旦扮西施；七月凤仙花，丑扮石崇；八月桂花，六旦扮绿珠；九月菊花，副扮陶渊明；十月芙蓉花，

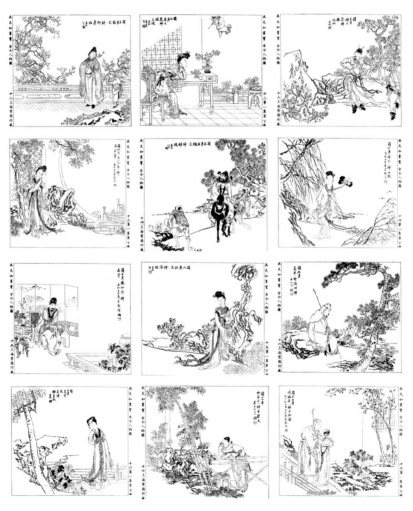

清 吴友如《画宝·古今人物百图十二花神图》（上海书店出版社）

"义记洋行广告画"中的十二花神（上海市历史博物馆藏）

正旦扮王昭君；十一月水仙花，外扮杨老令公；十二月腊梅花，老旦扮佘太君。清代学者俞樾在《十二花神议》中亦建议在十二月花神的基础上，形成阴阳调和、男女花神并列的体系。

三、花神庙与民间花神信仰

祭祀花神的场所为花神庙。明代林世远、王鏊等编撰的《正德姑苏志》，收录了南宋时苏州民间祭献"百花大王"的热闹场面："宋韩子师彦古镇平江，夜闻鼓笛喧訇。问何处作乐？老兵言：'后园百花大王生日，府民年例就庙献送。'"明清之际，花神庙祭祀就已明确出现主祀与陪祀的传统："阁中置木主以奉祀百花之神，如东皇封姨亦与焉。两旁配以历代之才子美人，如司马长卿、卓文君、秦嘉、徐淑之属。每岁及花朝诞辰，命美人设果礼致祭，或歌新诗以侑之。"

历史上著名的花神庙宇曾遍布大江南北，如今尚有多处遗存。如北京丰台镇东纪家庙村北的花神庙，此庙始建于明代，庙门上端悬有"古迹花神庙"的匾额，庙前殿供有花王神及诸路花神的牌位。这里曾是京城花农们祭祀花神的场所，也是丰台附近各处花行同业公会的会址和会馆。还有位于北大燕园的花神庙遗址，曾是始建于清代的慈济寺，因古时用于祭祀花神，所以民间称之为"花神庙"。慈济寺后毁于大火，现今仅留存门洞，如今成为北大未名湖畔的一处重要景观，是年轻学子表达对学业、事业、爱情与生活的美好愿望与期许之地。

位于南京市雨花台区花神大道的明代花神庙，曾是皇家御用花园，历史上以花木繁多而著称。明朝时，郑和下西洋带回很多花种，分别种植于牛首山、铁心桥等处。该庙除女夷外还有一百多尊花神塑像，庙门外广场上的"凤凰大戏台"，每年农历二月十二日百花生日时，民间信众聚集此地唱戏酬神，热闹非凡。对于苏州虎丘的花神殿，《吴郡岁华纪丽》记述道："虎丘花农争于花神庙，陈牲献乐，以祝神厘，谓之花朝。"

上海也有多处花神庙。上海方志记载，沪上原多处建有花神庙。如老城

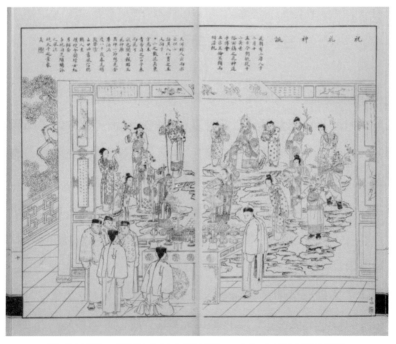

《祝花神诞》（晚清《点石斋画报》，上海市历史博物馆藏）

隍庙旁的沉香阁即是热闹的一处。清人秦荣光在《上海县竹枝词》中写道："花朝十二赛花神，十九观音佛诞辰。约伴向沉香阁去，桃花扇小杏衫新。"始建于南宋嘉熙年间的嘉定花神庙，时名顾庙，亦名永庆庵。在上海的古典园林古猗园中，至今仍保留着清乾隆五十三年，由地方人士募捐的州城隍庙灵苑，后被改建为花神殿，供奉花神。在花神殿门楹上刻有清代许太眉撰写的一对庙联，长联中用典精妙："海棠开后，燕子来时，良辰美景奈何天，芳草地我醉欲眠，楝花风，尔且慢到；碧澥倾春，黄金买夜，寒食清明都过了，杜鹃道不如归去，流莺说，少驻为佳。"通篇不着"花神"二字，却以词曲牌名，融情入景，曼语丽辞，将花朝诗章描绘得淋漓尽致。

"农谚占卜，花谚兆丰"。除了掌管百花开放，花神还主宰着农业丰歉，因此奉祀的人不仅有花农，还包括耕种庄稼果蔬的农人。农人常以花朝节之阴晴，占卜这一年谷物、果实的丰歉。为了祈求五谷丰登，应于花朝节当日前往庙祠请神拜祝，竞相报赛。因此，在上海的花神祈祝有着较为特殊的一道风景。

上海的"花米行"作为中国的棉业中心，其中的"花"指的就是棉花，棉农在花朝日要祭拜花神来祈求棉业丰产。沪谚有"花朝月明，棉花白银"，花朝日下雨，则有烂棉花之嫌，容易造成棉花歉收，故棉农以花朝日是否下雨来占卜棉花丰歉。上海棉田多于滩涂之上，棉花生长状况一度不尽如人意，花农遂建庙供奉庇佑百花的花神，每年花朝举行庙会，报赛请神，以祈棉铃吐絮。"日出万匹，衣被天下"，终得江南富庶，"先棉"黄道婆也成为棉业之神。至今，沪上民间还留有吃"花朝团"的习俗，"花朝团"

民间木版年画《先棉黄道婆》

由糯米制成，形如汤圆，意在祈求棉花丰收。

旧时花朝节，沪上人家或相邀出城踏青，或给花木挂红。清人钱大昕在《练川竹枝词》中有诗句："花朝二月雨初晴，笑语相将北郭行。折得细桃刚一朵，小鬟偷插鬓云轻。"殊不知出城观赏桃花的姑娘们，艳若桃李，自己也成为春日里最美的风景。清人张春华在《沪城岁事衢歌》中感叹道："春到花朝染碧丛，枝梢剪彩袅东风。蒸霞五色飞晴坞，画阁开尊助赏红。"处处花木飘红，装点了丛丛绿树的江南春。

申城的"花神灯"亦是二月望日花朝月圆之夜的一道独特风景。此灯也称"凉伞灯"，通常以当地所产可做伞面的半透明油纸"谈笺"糊成，多呈伞形、六角，上镂人物、花卉、珍禽异兽。清人王韬在《瀛壖杂志》中记载："出灯多者，至二三百盏，间以五彩吴绫折枝花灯……或扎彩为亭，高可三四丈，间饰龙凤，以云母石为鳞甲，上下通明，光照数丈。"

此外，沪上花朝节还有采戴荠菜花的习俗，民间传说此举可保一年不头痛。在此日，男童蓄顶发、女孩穿耳洞等习俗，盖沿袭唐宋旧俗。民国时期，还出现了一种奇特的风俗——花朝种痘，即于百花生日这一天接种牛痘以克天花。"南市豫园设有牛痘局，是日各处妇人抱儿来种痘的，不可计数"。究其原因，当地人习惯将种痘叫作"种花"，百花生日当天种花则花易生，那么是日种痘则痘易生。可见，花朝随着时代发展生发出了新的节俗，而旧节俗亦在时代前进的浪潮中被淹没。

四、结　语

"春色平分已自奢，今朝风物更鲜华"。随着国家对传统文化的大力振兴，赏花经济逐渐成为旅游业的新引擎，花朝节迎来了复兴的新契机。2010 年，花朝节被列入浙江省非遗名录。2011 年，杭州花朝节在西溪复办。2012 年，武汉新洲旧街花朝节被列入湖北省非遗名单。

在上海，花朝节也是办得有声有色。2021 年，上海崇明岛的第十届中国花卉博览会，成为市民一次难忘的盛大花朝节体验。古猗园多年连续举办牡丹花友会，即古猗园园林花朝节。市民可在牡丹盛开的江南园林中穿行，感受百花绽放的美好，并可体验抛绣球、写花神祈福牌、选花神、投壶、画扇、题词、逛汉服集市等传统活动。上海宝山区则借罗店花神庙会的舞台，将花朝节开在了"罗店花海"的田园风光里。传统的花序、花舞、花迎、花开、花行等祈福仪式建构完整，而且将国家级非遗"罗店龙船"融入节庆中，让花神与十二花仙立于龙船之首，迎神启航，送上春天的祝福，别具新意。

在"先棉"黄道婆故里，上海市徐汇区华泾镇的黄道婆纪念公园，也恢复了于花朝日祭拜先棉以祈求棉业丰产的传统习俗。在江南的古典庭院，汉服爱好者向黄道婆雕像敬献棉花花束，这不仅仅是对春日鲜花绽放的生命赞美，还有对先棉精神的崇敬。作为国家级非遗乌泥泾棉纺织传承基地，黄道婆纪念公园以中华传统节日与纺织文化重构传统，可以让更多青年人通过花朝节独特的节日符号、充满人文关怀的节日仪式以及时尚雅致的节日形式，传递对新时代生活的美好情愫。

明《传习录》记载了王阳明与朋友"南镇观花"的故事。一友指岩中花树问曰："天下无心外之物，如此花树在深山中自开自落，于我心亦何相关？"王阳明从容对答："你未看此花时，此花与汝心同归于寂。你来看此花时，则此花颜色一时明白起来。便知此花不在你的心外。"心学中，观花开花谢，告诉我们的是真心着眼，敦本尚实，秉持纯粹心，体察世间之真、善、美。花朝节，不仅仅是对春日良辰的赞颂，更要领悟它所透露的对美的珍惜、对生命的敏锐体察、对哲理的沉思。历史上传统花朝节俗虽不能完全保存，但在当代社会语境，现代生活的创新与创意中，我们仍可重拾先民的传统智慧，快慢从心，深切感悟人与自然和谐共处的关系。心中有花朝，便会诗意盎然，繁花簇簇。

三月上巳

修禊仍逢三月三

"丽日属元巳，年芳具在斯"。二月花朝，花神抛洒下的花瓣正从丽人们的肩头缓缓飘落，转身已迎来"三月三日天气新"的仲春景象。迎面款款而来的，仿佛是长安都城的仕女们，一边说笑着，一边沿着曲江水岸踏歌而行。"三月三，上巳节"，曾是一个与花朝同样古老而盛大的节日，在历史的演进中因与寒食、清明相近，节俗杂糅相并而渐渐消散，但其独特的节日精神与文化内涵，正被从褪色的文化记忆中努力地找寻出来，期待它被重新填上那一抹鲜活的生命颜色。

一、临水祓禊，祛疫祈福

上巳节，又称"重三、三巳、上除、禊日、修禊日"。"上巳"名称的由来，源自中国古老的干支纪年、纪月、纪日、纪时之法。《五行大义》中记载："（大挠）采五行之情，占斗机所建，始作甲乙以名日，谓之干，作子丑以名月，谓之枝（支）。有事于天则用日，有事于地则用月。阴阳之别，故有枝干名也。"

古老的干支纪元法，其中十个天干，分别为"甲、乙、丙、丁、戊、己、庚、辛、壬、癸"，它们分别对应十二地支，"子、丑、寅、卯、辰、巳、午、未、申、酉、戌、亥"。这些天干地支按照固定的顺序相配，组成了六十个基本单位，称为"六十甲子"，为一甲子轮回。同样，干支用于纪日，其中"巳日"共有五个，分别是"己巳、辛巳、癸巳、乙巳、丁巳"，因此三月上旬的第一个巳日，就被称为"上巳"。

那么三月三为上巳日，是否有对应的下巳日呢？一般认为下巳日为农历七月十四，与春日上巳行春禊相同，下巳日要举办秋禊，同样也是盛大的节日。也有学者认为，三月三的上巳节与九月九的重阳节相对应，如汉刘歆《西京杂记》所述："三

刻有干支的殷朝牛骨
（中国国家博物馆藏）

月上巳，九月重阳，使女游戏，就此被禊登高。"一个在暮春外出踏青游玩，一个在暮秋登高辞青。

"上巳"中，"上"是"上旬"的意思。"巳"除了地支名称外，还有何种意涵？汉代应劭的《风俗通义·祀典·禊》如此解释道："巳者，祉也，邪疾已去，祈介祉也。""巳"，既包含了祛除邪疾疫病，又有祈求福祉降临之意。《岁时广记》中对"上巳"的解释："历法，三月建辰，巳既是除，可以被除灾也。"均指向与除灾祈吉相关的古老巫仪。

那么上巳日，应由谁来"巳"，如何"巳"呢？《周礼·春官·女巫》认为重要的"巳"仪应由女巫掌管："女巫掌岁时被除衅浴。"郑玄对此的

注释是："岁时祓除，如今三月上巳如水上之类，衅浴，谓以香熏草药沐浴。""衅浴"即是由女巫主导的临水祓褉，往往使用由香花药草熏制而成的芳香汤水。在屈原的《楚辞》中就有多处讲到了众神香汤沐浴的场景，如《九歌·少司命》中的"与女沐兮咸池，晞女发兮阳之兮"，又有《九歌·云中君》中的"浴兰汤兮沐芳"。

"祓"是古代除灾求福之祭，东汉许慎《说文解字》释"祓"为"除恶祭也"，《左传》杜预注云"祓，除凶之礼"，"祓"是"祓除、去除"的意思，同时又有斋戒、沐浴、举火或以牲口的血涂身等多种形式。"褉"字，在应劭《风俗通·祀典》里释为"褉者，洁也。春者，蠢也，蠢蠢摇动也。……疗生疾之时，故于水上衅洁之也"。意思是春日在水边洗濯污垢，通过自洁消弭疾病以达成祈福的仪式。《晋书·乐志》中亦称："三日之辰，名为辰。辰者震也。姑洗者，姑，枯也，洗，濯也，谓物生新洁洗除其枯，改柯易叶也。"可见这里的"除其枯、改柯易叶"，本就是治疗疾病的手段，后来才被引申为人之蜕变。

先民意识到，三月季节交替，阳气上升，阴气尚未退尽，此时最易患疾，而衅浴可以洗涤污垢，除去整个冬日所积存的病害。通过清洁仪式达到卫生效果的同时，也通过祓褉的交感巫术，完成祈福迎祥之朴素生活愿景。上巳节的原初意义即是"古人春季驱邪祛瘟的卫生保健古俗"。

如果说先秦时期的"祓"祭与"褉"祭，使得上巳节成为具有浓郁信仰性的节日，那么汉魏时的上巳节，已然成为官民同庆、郊外游春的重要娱乐性节日。官方介入上巳节，对世俗娱乐性的转变具有重要影响。《汉书·礼仪志》述："是月上巳，官民皆洁于东流水上，曰洗濯祓除，去宿垢病，为大洁。洁者，言阳气布畅，万物讫出，始洁之矣。""会三月上巳，帝亲观褉，乘肩舆，具威仪。敦、导及诸名胜皆骑从"，说的是上巳日，上至天子大臣，下至庶民百姓，均会穿上新缝制的春装，相互邀约，倾城而出，前往江河之畔，或嬉戏沐浴，或探幽采兰，或宴饮行乐，以更具娱乐性的临水活动袚除不祥。

宋代朱熹考据："古人上巳袚禊，只是盥濯手足，不是解衣浴也。"明陈士元《论语类考》卷一亦云："许慎以为水上祭，而盥手略湔濯其衣，以寓洁清之意，非裸而浴也。"随着时代的发展，袚禊的巫术仪式意味逐渐减弱，也并非真正解衣入浴，只是象征意味地与水相亲，这为后来更多的临水之娱提供了可能。

二、水滨祈子，祭祀高禖

临水袚禊，以除不祥。除此之外，还有一道深层含义，与"祭祀郊禖，以求生育"相关。《周礼·媒氏》："以仲春之月，合男女于时也，奔则不禁。因祭其神于郊，谓之郊禖。郊音与高相近，故或言高禖。"变"媒"为"禖"者，神之也，即高禖是管理婚姻和生育的神。古时人们认为妇女不育是鬼神作祟，上巳日临水沐浴可以治疗不育症。为了子嗣繁衍，上巳日通过郊祭高禖、袚禊与男女相会等活动，以达成除灾避邪、祈求多育之目的。

西汉中期，祠高禖祈子的风俗已上升为礼制。如司马彪《续汉书·礼仪志》记："仲春之月，立高禖祠于城南，祀于特牲。"注曰："汉武帝晚得太子，始为立高禖之祠。高禖者，人之先也。故立石为主，祀以太牢。"从大量存世的汉画像砖石上，亦可找寻到祭祀高禖的场景。如徐州铜山汉画像砖拓片，该汉画雕刻怪神高禖。两边有伏羲、女娲两尾相交缠绕，左边二玉兔捣药，右边二神似抬物送馔，下边刻绘二神兽相向用嘴高举建鼓，二人边鼓边舞。左边一人在弄丸，右边二人在格斗。羽葆上神兽嬉戏、追逐、跳跃。两边各有衣冠整洁的官人在观赏杂技表演和视听仆人侍候进谏。

高禖之神与上古时期的感生神话联系密切，典籍文献亦不乏记载。《诗经·大雅·生民》载："克禋克祀。"通过敬天、敬祖与祭祀的方式以求得子嗣。《毛传》注："玄鸟至之日，以太牢祀于郊禖。以弗无子。"弗，去也，

汉画像砖《高禖图》
（徐州博物馆藏）

汉画像石《伏羲女娲·高禖图》
（河南南阳魏公桥汉墓出土）

去无子以求有子。《礼记·月令》的"以太牢祠于高禖"句，郑玄注曰："燕以施生时来，巢人堂宇而孚乳，嫁娶之象也。媒氏之官以为候。高辛氏之出，玄鸟遗卵，娀简吞之而生契，后王以为媒官嘉祥，而立其祠焉。"《吕氏春秋》亦记："是月也，玄鸟至，至之日，以太牢祀于高禖。"高诱注："玄鸟，燕也。春分而来，秋分而去。"

这里反复提及的玄鸟等，可追溯至中国上古神话中部族的女性始祖，如夏之修己，商之简狄，周之姜嫄，她们的生育事例或采食苡仁，或践大人履，或吞食玄鸟卵，带有神秘的感生色彩，因而成为本族的高禖神。闻一多曾在《高唐神女传说之分析》中云："夏人所祀之高禖为涂山氏，即女娲；殷人所祀之高禖为简狄；周人所祀高禖为姜嫄。"但无论是谁，夏、商、周三代所祀高禖均为"祀其先妣"。

正如《史记·殷本纪》所记，商族始妣简狄吞鸟卵，怀孕生下契，这也是传说行浴祓禊，"禊"的由来。简逖被奉为高禖神，后世则演变为上巳祓禊求子之遗俗。上巳节曲水浮卵之戏，即将煮熟的鸡蛋放至河水中，任其浮移，谁拾到就由谁食之，此俗也应追溯到东夷诸族以鸟为图腾，部落始妣吞鸟卵而生子的原始信仰。如今在江南地区，依然保存着上巳节吃涂红鸡蛋之古俗。此后的水上浮枣与曲水流觞，均是由临水浮卵演变来的。

追溯上巳节水中沐浴之俗，这是由其祈子主旨所决定的。值得注意的是，许多古籍文献都提及上巳节洗浴之水特别要选择"东向的流水"。《宋书·礼志二》中说"皆于东流水上为祈祷"，晋司马彪的《续汉书·礼仪志》中也说"官民皆絜于东流水上"。究其因由，盖因东方主生。《仪礼·既夕礼》提到："士处适寝，寝东首于北牖下。"贾公彦疏："东首者，乡（向）生气之所。"《礼记·丧大记》："寝东首于北牖下。"孔颖达疏："以东方生长，故东首乡生气。"可见"东流水"在上巳节习俗中也隐含着祈子的寓意。

三、曲水流觞，诗赋唱咏

自魏晋始，随着文人阶层对文学创作活动的积极参与，上巳节的祓禊逐渐与原始信仰和民间世俗娱乐分离，开始了雅会的转向，从而形成一种新的特殊的节日形态。

祓禊最具浪漫主义文学意味的描写，最早出现于《诗·郑风·溱洧》篇中。"溱与洧，方涣涣兮。士与女，方秉蕳兮"，诗句描述的是郑国青年男女在溱、洧河畔，手持兰草，祓除不祥并借以相互表达倾慕之情。《宋书·礼志二》引用《韩诗》云："郑国之俗，三月上巳，之溱、洧两水之上，招魂续魄，秉兰草，拂不祥。"《诗·陈风·东门之枌》叙述的三月三聚会，男女青年在宛丘东门外枌树下联欢跳舞、唱歌，男子喜爱女子的貌美姿色，纷纷以花相赠。

孔圣与众弟子寄情于山水间的乐趣，洋溢着与天地为伍的精神追求，师生之间对谈人生畅想，更让祓禊充满了浓郁的诗性与教化的理性。《论语·侍坐》述："暮春者，春服既成，冠者五六人，童子六七人，浴乎沂，风乎舞雩，咏而归。"字里行间所谓"春风教化"的逻辑起点，也来自上巳祓禊。正是这种沉醉于"物我合一，物我两忘"的追求，将改造社会的理想与个人情志的悠游完美结合，构筑了儒家春风教化的理想模式，为后世儒家学者所推崇。

魏晋时期士大夫阶层醉心玄学，崇尚清谈，寄情山水，以诗酒书画为乐。东晋穆帝永和九年（公元353年）发生了一场影响中国文学与艺术史的上巳修禊，参与者有42人，其中就有著名的大书法家王羲之和名士谢安、孙绰等人。他们在兰渚山下修禊、祭祀，仪式之后举行了一场饮酒作诗的曲水流觞：由童子将酒觞轻轻放在清溪上游，任其顺水缓缓而下，经过或停留于谁的面前，谁就饮酒，再即兴赋诗，作不出诗的则会被罚酒三觥。这次诗会，共得诗37首，结集成册，由王羲之负责写序、誊写。当时王羲之乘兴挥毫，以蚕茧纸、

明 文徵明《兰亭修禊图》（故宫博物院藏）

鼠须笔写下了举世闻名的《兰亭集序》，《兰亭集序》被后人誉为"天下第一行书"。

宋吴自牧《梦粱录·三月》云："三月三日上巳之辰，曲水流觞故事，起于晋时。唐朝赐宴曲水，倾都禊饮踏青，亦是此意。"至今，我们仍可从《兰亭集序》的字句中遥想当时"群贤毕至"的风雅情境："永和九年，岁在癸丑，暮春之初，会于会稽山阴之兰亭，修禊事也。群贤毕至，少长咸集。此地有崇山峻岭，茂林修竹，又有清流激湍，映带左右，引以为流觞曲水，列坐其次。虽无丝竹管弦之盛，一觞一咏，亦足以畅叙幽情。"曲水流觞与魏晋风度，俨然成为一个被后世数代文人反复歌咏的主题及精神向往标地。

除了书圣的兰亭，从晋代的文赋亦可一窥其时，看到各阶层交融共庆上巳节的盛景。晋代张协在他的《洛禊赋》中，不吝华丽的辞藻描写道："夫何三春之令月，嘉天气之氤氲。和风穆以布畅兮，百卉晔而敷芬。顾新服之初成兮，将禊除于水滨。"缙绅先生，聚朋会友、吟诗唱和、濯足盥手，颇具孔丘、墨翟之风；而都人士女，车马拥堵，于水湄相会；对于权戚豪族而言，上巳节更成为炫富的良机。此赋还详细列举了上巳"布椒醑、荐柔嘉、祈休吉、蠲百疴、浮素卵、洒玄醪"等一系列礼俗活动。同时代的杜笃也写了一篇《祓禊赋》，其中云："临岸濯素手，涉水搴轻衣。沈钩出比目，举弋落双飞。羽觞乘波进，素卵随流归。"将士人禊除、鱼雕、射箭、流觞、浮卵等丰富的节俗生动地呈现。

在唐代，上巳节成为春游的最佳时节。因为古老的水边被禊的遗存，当时的人们最喜欢去曲江边，那时都城最热闹的地方是曲江池及其附近的杏园一带，这里"长堤十里转香车，两岸烟花锦不如"。每到上巳，曲江池中备有供宰相和翰林学士享用的彩船。"京兆府大陈筵席，恩赐太常及教坊声乐，都人游玩，倾城禊饮踏青，煞为壮观"。唐康骈在《剧谈录》中说道：曲江池南有紫云楼、芙蓉苑，西有杏园、慈恩寺，"花卉环周，烟水明媚。都人游玩，盛于中和、上巳之节，彩幄翠帱，匝于堤岸，鲜车健马，比肩击毂"。

唐 张萱《虢国夫人游春图》宋摹本（辽宁省博物馆藏）

唐代诗词文学鼎盛，描写上巳盛况的诗篇更是不胜枚举。如《两京新记》载："唐长安中，太平公主于原上置亭游赏。其地最高，四望宽敞，每三月上巳、九月重阳，仕女游戏就此，祓禊登高，词人乐饮歌诗，翼日传于都市。"唐崔颢的《上巳》诗云："巳日帝城春，倾城祓禊辰。停车须傍水，奏乐要惊尘。弱柳障行骑，浮桥拥看人。犹言日尚早，更向九龙津。"杜甫的《丽人行》更为民众耳熟能详："三月三日天气新，长安水边多丽人。"他真实记录了杨贵妃与一众姐妹于上巳节盛装出行的奢华景象。

特别要提及的是，唐代进士放榜的时间正好是上巳节。新考中的进士首先去大雁塔南边的杏园中举行宴会，也就是"探花宴"。然后去大雁塔题名，去曲江池游乐，去月灯阁打马球。"金榜题名"时正是士子们的高光时刻，又正值上巳节鲜花始放，触发诗兴与游兴。最传神的诗句，当属孟郊的"春

风得意马蹄疾，一日看尽长安花"，还有晚唐诗人刘沧的《及第后宴曲江》诗：
"及第新春选胜游，杏园初宴曲江头。紫毫粉壁题仙籍，柳色箫声拂御楼。
雾景露光明远岸，晚空山翠坠芳洲。归时不省花间醉，绮陌香车似水流。"
在大雁塔上提名是何等的人生幸事，一抒诗人及第之后的胸臆，满满的自豪
感与成就感！

　　此外，唐代民歌教坊中还有专门的《祓禊曲》。长安都城城南乐游原，
为著名的祓禊之地。每于春日，都人多聚此游乐宴饮，此歌即由上巳的民俗
活动而产生，并被采入教坊。《乐府诗集·杂曲歌辞》中收录祓禊曲，皆五
言四句，如"昨见春条绿，那知秋叶黄。蝉声犹未断，寒雁已成行"，流露
的是对春日良辰易逝之感伤；而"金谷园中柳，春来已舞腰。那堪好风景，
独上洛阳桥"，表现的是一种世事无恒的不确定性。虽然《祓禊曲》抒发了

盛景之下对暮春的思虑，但是实质上，亦是通过水边歌唱吟诵的方式讴歌对生命之珍爱。

自宋之后，上巳节悄然式微，多因被寒食、清明所并。但曲水流觞的雅会仍为士人所好。北宋时期流杯宴饮的风气大盛，流杯渠亦称"九曲流觞渠"，已成花园中必不可少的点缀，因为"国字流杯渠"和"风字流杯渠""方一丈五尺"等内容被正式记录在国家刊行的《营造法式》中，标准化的流杯渠尺寸和图样被复制到许多私家花园。

到了元明之际，上巳节禊饮活动成为文人附丽的雅会。元至正十六年三月三日，名士郑彦真约请宋濂等人到浙江省浦江县东桃花涧禊饮游览，宋濂因此写下了《桃花涧修禊诗序》，为后世了解元明之际文人禊饮的情形提供了宝贵的资料。众人于上巳节游览桃花涧的山水、草木、鸟兽景观，在石潭、水流、小澳两旁举行，将朝席放在溪边坐下，童仆拾柴将酒温热，然后倒进底有木盘的漆制酒杯中，并将它们一一放进上游的溪水中顺流而下，众人按位置先后取杯饮酒，每人都要喝够三杯。禊饮之后由年高望重者发号施令，童仆摆上笔墨纸砚，文人墨客每人作诗两首，赋诗作记还要结集成书，文人禊饮活动不仅痛快酣畅，更是其文学生产的触发。

上巳的水边"修禊"，从女巫掌管的消灾祈福、郊禖祈子、求偶踏青，最终演变为文人雅士临流宴饮、诗赋唱咏的风雅聚会。然而与上巳节相关的诸多美丽神话、传说故事、文学作品，均为宝贵的民族精神产品。踏春游春、亲近自然、交友近朋以及载歌载舞，无不展现着时人的生活情趣与生命追求。上巳节迎禛纳祥的民俗心理与积极向上的价值取向，再次深刻体现了民俗与生活之华彩。

四、结　语

古老的汉族上巳节以"讴歌生命"为节日主题，上巳文化现象至今仍在中国诸多少数民族地区延续、发展。如黎族的"三月三"，称"孚念孚"，是庆祝"山兰"（山地旱谷）和打猎丰收的节日，也是青年男女自由交往的日子，故又称"爱情节、谈爱日"；壮族"三月三"是传统大节，壮族人民称之为"窝埠坡"和"窝坡"，是到垌外、田间唱歌的意思，所以又叫作"歌圩节""歌仙会"；侗族"三月三"多举行抢花炮、斗牛、斗马、对歌、踩堂、唱侗戏、舞狮等活动，因抢花炮尤具特色，又称"花炮节"；布依族"三月三"是祭社神、祭山神、扫墓、祭祖、举行社交活动的节日，要杀猪祭社神、山神，吃黄糯米饭；瑶族"三月三"称为"干巴节"，是集体渔猎的节日，人们将捕获的野物、鱼类按户分配，共享收获的欢乐，民众云集于广场唱歌、跳舞，欢度佳节；而红瑶族"三月三"为"长发节"，一众少女在水边依次排开，清洗、梳理长长的秀发，胜似美丽的风景。

在历史长河的水流中，暮春巳日的形式变得如此多元，内涵也更加深邃。如果说，最初的"河滨拔禊之巳"，是先民对疾病与灾难的抗争，对生命延长的渴望，对自身发展的追求，是一种生存的本能，那么秦汉"郊游踏青之会"反映的则是普通生命个体对婚姻自主、子嗣繁盛、美满生活的追求；而魏晋"曲水流觞之饮"，更是在摆脱生存困难后，追求精神上的率性，凸显个性的审美，是对解脱尘世烦劳与对生命本真的思考。

三月上巳的文化光影，不仅成就了珍惜生命的讴歌，曲水流觞的雅趣，兰亭宴饮的风度，更凝练了东方审美人文精神。千年前的曲水岸边，舞雩台上的身影，仍在迎风唱响，上巳节，这一古老的华夏节日，甚至在边陲少数民族、海外异邦仍以某种古俗的形式延续。我们有理由相信，经历了从原始信仰到世俗生活再到文学哲思的升华，那些乐以忘忧、思远道志的文学主题，春风化雨的育化价值与家国情怀，将永远在中国人的血脉与文脉里，流淌延续。

四月祈蚕

妇姑相唤浴蚕去

农历四月，是蚕桑丝织的节日与盛会。众所周知，中国以丝织享誉世界，丝绸织物类目繁多，如纱、罗、纹、绮、锦、绣等，甲骨文中出现的与"丝"相关的"桑、蚕、帛、束"等，就已达百余字。《诗经·小雅·巷伯》中出现的"贝锦"，郑玄注为"犹女工之集采色以成锦文"。五色斑斓的"锦"，以彩色丝线织成，需要先进的织机与技法，自出现后便被视为贵重的高级织物。战国时"锦""绣"二字常连称，代表美丽的织物，后成为"美丽、美好"的象征，如"锦绣文章"。

江南一年蚕事早早开启，但"吴兴以四月为蚕月"，盖因江南桑蚕四月最为繁忙；临近小满节气，蚕虫要"上山"结茧，小满之后就要忙着收茧缫丝，蚕户们要过"祈蚕节"；到了五月端午，在"谢蚕会"上酬谢蚕神，这就意味着一年蚕事阶段性的结束，在神灵的庇佑下，继续孕育蚕桑生活的新篇章。伴随着蚕业生产，从新春到五月的江南，不间断地上演了一系列民俗活动，诸如"扫蚕花地、供蚕神像、逛蚕花会、祛蚕祟"等，串联起一条鲜明的蚕桑生活时间轴，它不仅调动着蚕户生产劳作与生活的积极性，更反映了人与蚕桑、自然之间的亲近、和谐，从而演化为江南文化中最具标识性、浪漫且诗意的符号。

一、祈蚕中的蚕神崇拜

相传小满节气是蚕神诞辰，《清嘉录》中记载："小满乍来，蚕妇煮茧，治车缫丝，昼夜操作。"祈蚕节多在小满期间庆贺，各家蚕农哪一日"放蚕"，祈蚕节便于哪一日举行，并无固定的日期。先民将蚕视作"天物"，为了感念蚕神恩赐与祈求蚕业丰收带来富裕生活，会以多种形式向蚕神祭祀，故而形成了中国特有的蚕神文化。

有文字可稽的蚕神祭祀，最早可溯至殷商。甲骨卜辞上有"蚕示三牢"的字样，意思是以"三牢"（牛、羊、猪）的礼节祭祀蚕神。《周礼·天官·内宰》记"中春，诏后帅外内命妇始蚕于北郊，以为祭服"，说的是贵族们春天要在北郊举行祭蚕仪式。《礼记·月令》中也记述了："是月也（季春之月），命野虞毋伐桑柘。鸣鸠拂其羽，戴胜降于桑。具曲植籧筐。后妃齐戒，亲东向躬桑。禁妇女毋观，省妇使以劝蚕事。"说的是在季春三月，主管山林的官吏须禁止砍伐桑树、柘树。此时节鸣鸠振翅，戴胜落于桑林，便要开始着

甲骨文"蚕"字

手准备蚕薄、支架和采桑的用具。而在宫廷中，后妃斋戒，要亲自去东方之林采摘桑叶，妇女禁止游玩观赏，国家也须减少妇女杂役，鼓励她们把蚕养好。由王后主持的"亲蚕礼"，在每年季春到孟夏四月，王后亲自带领一众妇人共同采桑事蚕，这足见宫廷对蚕桑作业与蚕事的敬畏。

在《后汉书·礼仪志》中首次出现了"先蚕"的称谓，这表明了礼蚕的对象："是月（永平二年三月）皇后帅公卿诸侯夫人，祠先蚕，礼以少牢。"被后世奉为"先蚕"的嫘祖，传说是黄帝的元妃，教民育蚕、治丝，为社会的发展作出了开拓性的贡献。《史记·五帝本纪》中记述道："黄帝居轩辕之丘，而娶于西陵之女，是为嫘祖。嫘祖为黄帝正妃。"那么从周到隋的国家祭祀蚕神礼，又是如何实施的呢？在《隋书·礼仪志》中有详细的描述："后周制，皇后乘翠辂率三妃三女弌，御媛御婉，三公夫人，三孤内子，至蚕所，以一太牢亲祭，进奠先蚕西陵氏神。"先蚕祭祀，祀的是西陵氏嫘祖。

北宋刘恕《通鉴外纪》记："西陵氏之女嫘祖为帝元妃，始教民育蚕。"又有罗泌《路史·后纪五》述："西陵氏之女嫘祖为帝元妃，始教民育蚕，治丝茧，以供衣服，而天下无皴瘃（皮肤冻裂）之患，后世祀为先蚕。"由于桑蚕能带来稳定的收入并可作为主要的赋税来源，自宋以降，先蚕祀典为历代王室所重视。由皇后亲自主导的先蚕祭祀，往往成为由帝王亲率的先农祭祀的配套礼制，"耕种纺织，犹言农桑"。

到了元代，王祯的《农书》汇总了魏、晋、北齐、后周至隋朝的历代先蚕坛的不同规格，并绘制先蚕坛。在先蚕坛，中央竖立先蚕灵位，四周由皇后率领群妃拜祭。先蚕助祭，从教化的角度来说，可"正人心，成风俗"，对中国农业社会男耕女织稳定的生产与家庭构成，对皇族统治、天下太平的巩固，乃至对华夏传统文化体系稳定的维持，均有着深远的意义。

相比于正统地位的先蚕之神，另一位蚕神"马头娘"的出现则更具民间传说的意味。"马头娘娘"亦被称为"马明王""马鸣菩萨""蚕花娘娘"，民间流传甚广的"马皮蚕女"故事由"蚕马神话"演化而来，其源最早可溯至《山

元 王祯《农书》中的先蚕祭祀（明刻本）

海经·海外北经》所记的"欧丝"女子。"欧丝之野在大踵东，一女子跪据树欧丝"，但这里的蚕神雏形尚未与"马形"相联系。战国时期，荀子《赋篇》记有"此夫身女好，而头马首者与"，这是第一次将蚕女与马形联系在一起的记述。

　　日本延历寺沙门安然撰的《悉昙藏》中描写道：昔有马国在南天竺国之境内，当地人无论声音还是样貌都酷似马匹，"马鸣菩萨"曾经化身为蚕虫现身该国，"自口出丝令人作衣"。东晋干宝《搜神记·女化蚕》则是完整讲述了"马皮蚕女"的故事："女及马皮，尽化为蚕，而绩于树上。"到了宋人戴埴所著的《鼠璞》中，"蚕马同本"条目引述了《搜神记》的故事，并指出民间的蚕神"马头娘"与"马鸣菩萨"在情节与文本上，已融合在了一起。

蚕女 （宋 不著撰人《三教源流搜神大全》，民国二十四年长沙中国古书刊印社汇印本）

此外，地方的蚕神祭祀多轨并行且具有典型的地域色彩。例如蜀地祭祀的蚕神是蚕丛氏、青衣神。蚕丛，文献载其为古代蜀王，以《华阳国志》为证："有蜀侯蚕丛，其目纵，始称王。"传说他曾服青衣教人蚕桑，肇兴蚕织，死后被尊为青衣神。《三教源流搜神大全》卷七载："传蚕丛氏初为蜀侯，后称蜀王，常服青衣，巡行郊野，教民蚕事。乡人感其德，因为立祠祀之。祠庙遍于西土，罔不灵验，俗概呼之曰青衣神。"

总之，在中国的蚕神体系中，官方与民间、上层文化与下层文化兼收并蓄、并行不悖的祭祀系统，是中国民间信仰中饶有趣味的文化现象。

二、祈蚕中的仪式展演

（一）公共空间的蚕花庙会

建庙祈蚕，是中国自上而下的先蚕祭祀的民间崇拜体现。祈蚕愿文是蚕农在庙会上以文书表达蚕虫茁壮、丝帛丰收愿景的方式。敦煌文书所录的《蚕延愿文》生动地写道："……丝绸倍获于常年，绢白全胜于往岁……蚕食如风如雨，成茧乃如岳如山。"形象地刻画出了蚕农溢于言表的迫切之情。《荆楚岁时记》中记祭拜蚕女"当令君蚕桑百倍"。《太平广记》的《蚕女》故事则提到四川广汉有蚕女且极为灵验，"每岁祈蚕者……皆获灵应"。总归来说，华夏大江南北遍设蚕神祠庙，江浙地区尤盛。如山西夏县有最古老的"先蚕娘娘庙"；四川盐亭县金鸡镇有高十余米，依山凿成的嫘祖石像；江南丝织业兴盛，更是形成了水乡泽国遍布的蚕神庙，如苏州机神庙、盛泽先蚕祠、震泽丝业会馆嫘祖像等。

蚕花庙会是江南祈蚕的公共空间形式。在浙江湖州桐乡、含山一带，每年清明前后会举行"祭龙蚕会"或称"轧蚕花"，会期三到五天不等。据传，

北宋木刻套色版画《蚕母像》（温州博物馆藏）

四月祈蚕：妇姑相唤浴蚕去

宋高宗时封"马鸣王"为蚕神，传谕各地修建庙宇供奉，一时间其香火兴旺。江南发达的水系，为蚕花庙会增添了江南舟船的华彩。祭祀伊始，蚕神像从庙里被请至江中两条并连的船上，从四方摇舟而来的蚕农，纷纷向蚕神供奉素食果品，叩拜行礼以祈当年蚕花丰收。礼毕，蚕神被抬回庙中，各色船只于江中开始竞演，既是酬神的演乐，也是娱人的风尚。如精致彩灯装饰的龙灯船，彩台高搭的名阁船上，儿童扮演着戏出角色；竿船上，艺人在数丈高的粗竿上表演杂耍，而拳船上，则上演着惊心动魄的拳脚飞腾。舟船往来，围观者终日不散。清代乾隆年间沈焯在他的《清明游含山》中记录下了此番景象："吾乡清明俨成案，士女竞游山塘畔。谁家好学哨船郎，旌旗忽闪恣轻快。"

蚕花庙会上另一道独特的风景，是香客中无论男女老幼头上均会戴上一朵用彩纸或绢制作的蚕花，取意"蚕花茂盛"，这是祈蚕仪式中不可或缺的象征物与蚕茧丰收的预兆。诗句"红绿蚕花头上插，男女老少似海洋"描写的正是赶香会上蚕农争相观看，你轧我挤的热闹场景。蚕花由此也成了江南蚕妇特殊的装饰，民间传唱的《蚕花歌》云："蚕花生来像绣球，两边分开红悠悠，花开花结籽，万物有人收。嫂嫂接了蚕花去，一瓣蚕花万瓣收。"唱出了蚕户对丝茧丰收的祈盼与期冀。

（二）私人空间的祛蚕祟

另一祈蚕空间则是更为私密的家宅，包括祝兴与祛祟两种方式。祝兴的方式以"扫蚕花地"为代表，这是一种从古老的祈蚕仪式中演化而来的民间说唱表演形式，可在家中、蚕室等处进行。通常由女子单人唱舞，而以小锣在旁伴奏。表演者头戴蚕花，身穿红裙，手里拿着红绸，模拟扫地、糊窗、掸蚕蚁、采桑叶、喂蚕、捉蚕、换匾、上山、采茧等一系列与养蚕生产相关的动作，预示着在养蚕劳动生产的全过程中，蚕花娘娘会送来吉祥的蚕花以示庇佑。唱词富有浓郁的吴方言特色，如"……今年蚕花扫得好，明年保侬三十六（六六顺）。高高蚕花接了去，亲亲眷眷都要好。年年扫好蚕花地，代代子孙节节高", 极讨口彩。整场"扫蚕花地"歌舞曲目共三十八段演绎歌词, 在每段的锣鼓过门伴奏下, 表演程式化的"扫地"舞蹈动作。最后, 表演者高举蚕匾, 由东家娘子接过蚕匾, 表演在象征庆贺蚕茧大丰收的高潮中结束。

至四月, 蚕户有蚕禁习俗。元代白珽的《余杭四月》写道: "四月余杭道, 一晴生意繁。……几家蚕事动, 寂寂昼门关。"明代谢肇淛的《西吴枝乘》也提及了此俗: "吴兴以四月为蚕月, 家家闭户, 官府勾摄征收及里口往来庆吊, 皆罢不行, 谓之蚕禁。"蚕禁时期, 多是到了蚕眠关键期, 直接影响蚕茧质量的好坏与数量的丰歉。于是蚕禁祈蚕, 家家户户要张贴蚕神像。旧时江南蚕农家中, 往往会在特别方位的墙壁上砌神龛以供蚕神像, 又称"神码"或"码张", 这是一种印制在红色纸张上的木刻蚕神画像, 江南一带各处烟杂店、香烛店、南货店均有售卖。神像被蚕农"请"回家中, 贴在蚕室里供奉, 体现的是他们对蚕神的敬畏之心与祈求蚕事旺盛的愿景。

苏州桃花坞木版年画《蚕花茂盛》与《群芳胜会》

四月祈蚕: 妇姑相唤浴蚕去

除了张贴蚕神像以祈蚕外，还要使用厌胜的方式祛蚕祟。清乾隆四年《湖州府志》载："育蚕之家设祭以禳白虎。门前用石灰画弯弓之状，盖祛蚕祟也。"相传，白虎星等恶煞威胁蚕虫，须祛祟驱赶白虎。祛祟的方法：一是于白虎星神像前供奉酒肉，使其饱餐，以免其作祟；二是贴门神或门前挂弓箭图形，或是在地面以石灰画白虎，恐吓其不敢接近；三是取食螺蛳并将其壳撒于屋顶，俗传病蚕名"青娘"，灵魂躲于螺蛳壳内，吃螺蛳可使其无处藏身，抛撒则是驱其远走高飞，以保蚕茧丰收。

蚕房贴门神也是祛蚕祟的表现形式。《中华全国风俗志》载："每届养蚕之期，各家购极大花纸二张，贴于门上，谓之门神将军。"如苏州桃花坞木版年画中的《蚕花茂盛》，旗幡上印有"马明王"的字样，另一类型《群芳胜会》上，写着"马鸣王娘娘千岁"。

《天工开物》中描述了三种对蚕有害的天敌，"凡害蚕者有雀、鼠、蚊三种。雀害不及茧，蚊害不及早蚕，鼠害则与之相终始"。鼠患始终伴随着蚕事生产，百姓认为花猫可以克鼠，这一点可从中国的传统木版年画《蚕猫图》中得到印证。苏南地区多将纸印的"五色蚕猫"或贴在墙上，或糊在蚕匾底下，

苏州桃花坞木版年画《蚕猫逼鼠》与《猫王镇宅》

以禳鼠患。如苏州桃花坞木版年画中的《蚕猫逼鼠》与《猫王镇宅》，就绘有一双花猫口叼或掌压一鼠，意为压制鼠患。蚕农门上张贴此类题材的厌胜图，一是提点蚕农防范鼠患，二是告知蚕禁时节，勿扰蚕家清静。又有上海小校场年画中的《蚕花茂盛·五谷丰登》，牡丹寓意富裕生活，蝴蝶与花猫谐音"耄耋"，代表康宁长寿。另有《蚕花茂盛》，绘制了有蚕妇参与的整个育蚕过程，象征着蚕业丰收所带来的富庶生活。

上海小校场年画《蚕花茂盛》（上海市历史博物馆藏）

民间在蚕房里供奉泥塑的蚕猫，与纸上印刻的蚕猫有异曲同工之妙。清代郑元庆的《湖录经籍考》中记述道："范泥为猫，置筐中以辟鼠，曰蚕猫。"蚕农饲蚕时，最恨老鼠啮咬蚕种纸和蚕茧，故在蚕房中摆供泥塑的蚕猫。每年蚕月之前，蚕室要打扫得干干净净，堵好鼠洞，以除后患，然后最重要的就是到蚕花庙会上"请蚕猫"，民间普遍认为庙会上请回的蚕猫受神感应更为灵验。泥塑彩绘的蚕猫被放置在墙角僻静处，行使其祛鼠辟恶的庇佑功能。

（三）祈蚕与人生仪轨

祈蚕体现在蚕业生产的各个阶段，更形成了江南蚕户人生仪轨的一道特殊风景。如体现在婚丧嫁娶与民居营建的蚕桑习俗，在浙江海盐一带，女方婚嫁要送蚕花，象征性地选择一张蚕种或是几条蚕虫作为婚嫁的信物送到夫家。由准婆婆穿着红色丝绵袄接收这些信物，这意味着将娘家的"蚕花运"带至夫家。接亲时，夫家要向四周抛撒"蚕花铜钿"以代替枣子、花生的撒帐仪式。新妇回门前，要在家中女性长辈面前打开嫁妆箱，一一点数陪嫁的衣裙等，俗称"点蚕花"。而"望山头"是指"望侬山头高，祝侬蚕花熟"，即由岳父母带着猪蹄、黄鱼、软糕、枇杷等来到新婿家，一是看望一对新人，二是传授育蚕技术，预祝这个新组建的家庭日后能茧花丰收，生活富足。新女婿必须殷勤款待，因为"望蚕讯"者，抑或是"蚕花娘娘"的送福送财之人，必须好好招待，讨其欢心，以确保福佑，在将来才能获得蚕茧丰收。

蚕乡在建造新屋上梁时，要举行古老的赕神仪式——接蚕花。上正梁时，悬挂的红绿绸绢须由娘家制作，交由木匠挂于正梁之上，同时向众人抛撒事先备好的糕点、铜钿、糖果等，由房主夫妇手扯被单接抛撒下来的物品。木匠欣然唱起《接蚕花歌》："四角全被张端正，二位对面笑盈盈；东君接得蚕花去，看出龙蚕廿四分。大红全被四角齐，夫妻对口笑嘻嘻；双手接得蚕花去，一被蚕花万倍收。"

除了建房上梁，接蚕花还会在各种特殊时间节点与重要人生仪式的祈蚕场合上演。通常由赞神歌手准备一杆秤、一块手帕、一张蚕花纸、一张蚕神马幛，交给主人，同时诵唱《蚕花歌》："称心如意，万年余粮；蚕花马，蚕花纸，头蚕势，二年势，好得势；采取好茧子，踏得好细丝，卖得好银子，造介几埭新房子……"女主人则恭敬地将各物收藏，称"接蚕花"，等到端午"谢蚕花"时再拿出久藏的蚕花纸、蚕马幛祈祷一番，然后焚化掉。总之，江南蚕桑人家的生活处处留下了祈蚕的印迹，表达了他们向往富裕、祥和生活的诉求与愿景。

三、蚕桑丝织的诗性美学

纵观蚕桑丝织文化千年演进，蚕桑丝织不仅解决了国民最基本的生活需求，更以丰饶的经济产能养育生民，为社会治理制度的建构，夯实了物质基础、同时，蚕桑丝织也滋养出了汉语瑰丽的语汇，编织出璀璨的文章，此种诗性美学已如同铭文般镌刻于华夏子民的心性之中。

在诗歌创作中，蚕桑丝织意象被赋予了文学性的审美意蕴和特定的文化内涵。桑园或桑田成为诗人抒发心性与明志的创作题材，被反复歌咏。文人士大夫阶层，无论是身处居庙堂之高，还是身处江湖之远，均毫无例外地对丰沃的桑叶、醉人的桑葚，抑或是美丽的采桑女、恬静的田园生活，充满了向往与热爱。

《诗》三百中的蚕桑之作，既有描写农桑的劳作场景与清新活泼的田园风光，如《魏风·十亩之间》的"十亩之间兮，桑者闲闲兮，行与子还兮。十亩之外兮，桑者泄泄兮，行与子逝兮"，又有表达青年男女相慕与幽怨的爱情诗篇，如《卫风·氓》的"桑之未落，其叶沃若。于嗟鸠兮，无食桑葚！于嗟女兮，无与士耽"。

更有汉乐府《陌上桑》的"秦氏有好女，自名为罗敷。罗敷喜蚕桑，采桑城南隅"，三国曹植《美女篇》的"采桑歧路间，柔条纷冉冉，落叶何翩翩"，南北朝乐府《采桑度》的"女儿采春桑，歌吹当春曲。冶游采桑女，尽有芳春色"。诸多诗作展现了采桑女动人的面容，犹如春日明媚的阳光，蚕桑为世间美好之物代言。

"古今隐逸诗人之宗"东晋诗人陶渊明，则为蚕桑赋予了隐逸、恬淡的魏晋风度。他的田园诗集思想性、艺术性于一体，《归园田居》五首为其代表。"代耕非所望，所愿在田桑"，陶氏通过蚕桑农事营造出"田园居"这一具有理想主义与象征意味的美学环境，田园居成为此后文人创作诗文、抚慰身心、平复躁动情绪、培养安宁恬淡人格的修为方式。

随着唐朝诗文进入鼎盛期，《全唐诗》中与蚕业相关的诗歌达 490 多首，形成了自然、平和、简朴的田园诗派。通过对蚕桑劳作的摹写，表达出文人士大夫们希望脱离尘世、享受田园之乐的人生理想。如李白的"缫丝鸣机杼，百里声相闻"，孟浩然的"开轩面场圃，把酒话桑麻"，王建的"妇姑相唤浴蚕去，闲着中庭栀子花"。一首首或课桑眠蚕，或宿夜机杼，或美酒放歌的蚕桑诗赋，营造出中国千年文学史上平和冲淡的田园意象与劳作景观。

四、结　语

唐朝元稹在《咏廿四气诗·小满四月中》中咏道："小满气全时，如何靡草衰。田家私黍稷，方伯问蚕丝。"诗句反映的是地方长官亲自问蚕的关切之情。宋代翁卷《乡村四月》中的"乡村四月闲人少，才了蚕桑又插田"，赞美的是乡村四月蚕桑耕织的农家生活，表达的是即将迎来丰收的喜悦。优美的诗篇，无不反映出在悠久漫长的桑蚕劳作中，中国先民形成的"敬蚕重桑、爱蚕护桑"的美德与传统，承载着"不掇劳作，天人和谐"的中国精神与朴素信仰。

进入 21 世纪，2009 年由浙江省（杭州市、嘉兴市、湖州市、中国丝绸博物馆）、江苏省（苏州市）、四川省联合申报的"中国蚕桑丝织技艺"成功被列入人类非遗代表作名录。到此与蚕丝织绣相关的国家级非遗已多达 77 项，其中包含了一大批与蚕桑信俗相关的项目，如浙江德清的"扫蚕花地"，浙江桐乡的"含山轧蚕花"，湖北远安的"嫘祖信俗"等。

作为非遗代表的中国蚕桑丝织技艺，不仅包括杭罗、缂丝、蜀锦、宋锦等织造技艺，还包括轧蚕花、扫蚕花地等一系列生产习俗，突破了传统手工技艺与知识范畴，渗透至民众日常生活的方方面面，涉及民间信仰、文学与口头传统、节日庆典、民俗仪礼以及民间艺术等。知识、技艺与蚕桑文化空间共同形塑了中国丝绸遗产的完整结构，丰饶的蚕桑丝织文化成为遗产保护中最具深层意涵的部分。

无与伦比的中国蚕桑文化正以传统节日为载体，多方位地开展一系列有关蚕桑文化复兴与重塑的活动，谱写出新时代蚕桑生活的华彩乐章。江南的蚕桑民俗，是集中呈现江南山水相依、风俗相近、人文同辉的文化表现形式，蕴含着江南地区共通的文化基因与共享的文化资源。在"长三角一体化"国家重大发展战略中，江南蚕桑民俗文化可作为弘扬传统文化的有效方式，助推长三角"文化一体化"，从而建构起江南文化的社会认同与审美认同。

五月端阳

碧艾香蒲处处忙

五月端阳：碧艾香蒲处处忙

"碧艾香蒲处处忙，谁家儿女共，庆端阳。细缠五色臂丝长"。这是元代诗人舒頔《小重山·端阳》中对端午将至，家家户户忙于清扫门庭，插艾草、菖蒲于门楣等情形的描述。除去环境卫生，在个人仪容与洁净中，还包括以香草、木兰入浴，佩戴香囊，手缠朱索；在食俗上，则要服用各类药草以及炮制的酒膳等。对这一系列与禳辟、祓除相关的药草与植物的运用，以仪式与节俗的方式来增强人们抵御疾病的能力，提升生命活力，这是先民从生理到心理，全方位的一种自洁与防范疾疫的手段。

香兰、艾草、菖蒲、榕枝、石榴、胡蒜等独具中华神秘、浪漫色彩的代表性植物，形成了中国丰富的端午香草文化，展示出中国古代卫生防疫的民间智慧，更反映了华夏民族善于探索自然、利用自然、追求中和的健康生活理念与优良传统。端午香草丰富的神话传说与节俗、仪礼，折射出中华节序中所包含的自然观念、文化审美与哲学思维，更是端午节无与伦比的强大的社会调节与伦理规训之功效的彰显。

一、"兰汤沐浴"悦身心

端午节又称"沐兰节"。"沐兰汤"即以兰草香汤入浴。《神农本草经》中记："兰草，味辛平，主利水道。杀蛊毒，辟不祥，久服益气、轻身，不老，通神明。"古人以兰草煎水沐浴，这样做不仅可以消杀蛊毒，辟除不详，同时还可与神明相通，沐兰汤是祀礼与医疗兼备的手段。

《说文》中对"浴"的解释是"洒(洗)身也。从水，谷声"。甲骨文中"浴"字的字形由"人、水、皿"三部分组成：上从人，人的两边有水滴，下从皿，像人在盆中洁身之形，会洗澡之意。在古人的认知中，兰草独特的香气具有驱除蚊虫、净化空气、防止瘟疫等多重功效，更为奇幻的是其香味不仅娱人，令人心情愉悦，亦可娱神。被赋予了神秘通感功能的香草，是沟通人神的灵媒。

甲文　　→　　金文　　→　　篆文

"浴"字的汉字演变

香草入浴的古俗最早可溯至周代。《周礼·女巫》中云："女巫掌岁时被除、衅浴。"郑玄注："衅浴，谓以香薰草药沐浴。"意思是由女巫在河畔主持清水祓禊仪式，其间会放入香草沐浴。至先秦，形成了三月三上巳节秉执兰草，拂除病灾及不祥的风气。河畔祓禊，青年男女互赠兰草，在《诗经·溱洧》中亦有记述："溱与洧，方涣涣兮。士与女，方秉蕳兮。"这里的"蕳"是一种具有浓烈香气的菊科植物——佩兰，别名兰草、水香、都梁香、大泽兰、孩儿菊、省头草、醒头草等，有香气，可煎水沐浴。《淮南子》中称"其叶似菊，女子、小儿喜佩之"，故名之"佩兰"。

兰草芳香而神秘，皆因神女以兰汤入浴。战国宋玉在《神女赋》中述"（神女）沐兰泽，含若芳"，"其象无双，其美无极"，令游于云梦之浦的楚襄王心驰神往。屈子《九歌·云中君》中的"浴兰汤兮沐芳，华彩衣兮若英。灵连蜷兮既留，烂昭昭兮未央"之句，生动再现了祈雨仪式上的巫女以兰汤沐浴，身披花团锦簇的华服并翩翩起舞以迎接"云中君"，充满了浪漫而瑰丽的想象。

《楚辞》中誉兰的美句不胜枚举，如《九歌·湘君》中的"薜荔柏兮蕙绸，荪桡兮兰旌"，《离骚》中的"扈江离与辟芷兮，纫秋兰以为佩"，《九歌·湘夫人》中的"沅有芷兮澧有兰，思公子兮未敢言"等。其中还有大量言及其他香草品类，如江离、杜衡、揭车、留夷、木兰、芷、椒、桂、荪等，不仅开创了"香草美人"的文学传统，更形成了传统文人"以香草比德，君

元 张渥 《九歌图卷》局部（上海博物馆藏）

子佩带兰蕙以表芳洁之志"的风尚。

从"沐兰汤"向神明献祭，之后又引申出身体与心灵的双重洁净，"沐浴"成为关乎道德的一件大事。成语"澡身浴德"，换言之就是"洁净身心，砥砺品行"，典出《礼记·儒行》"儒有澡身而浴德"。澡洁其身而不染浊，沐浴于德而以德自清，"修养身心，使之高洁"者才是真正的"儒"。同样的表述还有《三国志·管宁传》中的"日逝月除，时方已过，澡身浴德，将以曷为"，《王脩传》注引《魏略》中的"君澡身浴德，忠能成绩，为世美谈"等，均从知识精英的立场表述君子对"德"之观念的固守，以及对"礼"之规制的践行。

沐兰正式与端午联系在一起，至迟于魏晋南北朝。汉《大戴礼记·夏小正》中记载了"五月浴兰"的习俗，曰："（五月）蓄兰，为沐浴也。"又云："午日以兰汤沐浴。"南朝宋宗室刘义庆集门客所撰的《幽明录》中描述了"浴兰汤"仪式："庙方四丈，不作墉壁；道广五尺，夹树兰香。斋者煮以沐浴，然后亲祭。"唐朝韩鄂的《岁华纪丽》也记述了唐代端午沐兰的习俗："浴兰之月。时当采艾节及浴兰。"而明确以五月五日为"沐兰节"的文献，出自南朝宗懔的《荆楚岁时记》："五月五日，谓之浴兰节。"经证实，其时以兰汤洗浴来辟邪祛病与祈福安康，沐兰已与端午紧密联系在了一起。

兰草与兰花的区分与演变大抵以宋为界。宋之前的"兰"主要指兰草（枝叶皆香的香草），其中以佩兰、泽兰、蕙草三种为主；宋及以后的"兰"则指观赏性的名贵植物兰花。从诸多宋词的描述中可一窥宋人对端午沐兰的重视与偏爱，如晏殊的"沐浴兰汤在此辰"，欧阳修的"嘉辰共喜沐兰汤"，苏轼的"明朝端午浴芳兰"以及连文凤的"相传楚俗试兰汤"等。词人吴文英还首创了端午《澡兰香》的词牌名，"午镜澡兰帘幕"一句正是该词牌取名的由来。

随着端午节俗更多的世俗化生活倾向，宋代沐兰汤的祭祀意义被弱化，并不再为文人雅士所独享，兰汤的药引材料也更为丰富。南宋陈元靓《岁时广记》卷二十一引《琐碎录》中载："五月五日午时，取井花水沐浴，一年疫气不侵，俗采艾柳桃蒲揉水以浴。"明代谢肇淛的《五杂俎》也记录了因为"兰汤不可得，则以午时取五色草拂而浴之"。这里的五色草指煎煮蒲、艾、桃等香草，而午时煎煮的香草药效加倍，可借助水温将药性通过孔窍、经络、穴位等让皮肤吸收，再通过经脉血络输送到脏腑筋骨，以达强身健体、抵御外邪之效。

二、"艾虎蒲剑"驱疫疾

民间谚语"艾叶为旗招百福，菖蒲似剑祛千邪"，言简意赅地昭示了端午艾蒲的使用方法与心理诉求。

（一）庶民的野艾

艾，俗称艾蒿，早在春秋之前就有将其用于祭祀的文献记述。《周礼·天官冢宰》中记载："甸师祭祀，共萧茅，共野果、瓜之荐。"这里的"萧茅"即香蒿。《诗经·生民》中"取萧祭脂，载姌载烈，以兴嗣岁"记载的就是燃烧艾草用于祭祀以娱神。孔疏引陆玑云："萧……似白蒿即艾蒿，茎，科生……可作烛，有香气，故祭祀以脂热之为香。"意思是，先民以香蒿、牛脂燃芬芳以飨神，祈求来年收成更丰穰。因为祭祀活动频繁，所以人们对艾蒿的需求也很高，《诗经·王风》里"彼采萧兮""彼采艾兮"的诗句，即是对先民对艾蒿等香草进行规模化采集的记述。

艾草极具药用价值，可疗沉疴，战国《孟子·离娄上》中就有"七年之病，求三年之艾"的说法，由此又引申出"艾安"的表述，如《史记·河渠书》中的"诸夏艾安"，"艾安"是"太平、安好"之意，是一种发音近似祝颂的祈语，是极具仪式况味的歌颂。"艾"之音、意，均表示"美好"，故在形容年轻美貌的女性时，有"少艾"之称，如《孟子·万章上》："知好色，则慕少艾。""少"，是年少；"艾"，是美好。尊称五十以上的老者为"艾老"，称保养为"保艾"，如《诗经·鸳鸯》篇中的"君子万年，福禄艾之"，这些都是相似的祝语。

在端午节悬挂艾草，一是因为此时节的艾草长势甚旺，可驱蚊虫、可入药，同时又具有祝颂美好、平安之意。南朝宗懔在他的《荆楚岁时记》中写道："五月五，四民踏百草，又有斗百草之戏；采艾以为人，悬门户上，以禳毒气。"孟元老的《东京梦华录》中也有相似的记载："（端午）钉艾人于门上，士庶递相宴赏。"陈元靓在《岁时广记》中写端午剪艾为虎形，"至有如黑豆大者，或剪彩为小虎，粘艾叶以戴之"。

艾虎取"虎者阳物，百兽之长"，传说其能"执搏挫锐，噬食鬼魅"，作为至阳之物的虎能镇邪驱魔，因此端午节时"游人争出，俱悬艾虎"，或佩戴于身，或悬于发上，颇为风行。艾叶与虎形结合辟邪的习俗历代沿袭。明代彭大翼在《山堂肆考·宫集》中也记述道："端午以艾为虎形，或剪彩为虎，粘艾叶以戴之。"将艾与蒲组合，音近"艾虎"，如清富察敦崇在《燕京岁时记》中记："端午日用菖蒲艾子插于门旁，以禳不祥。亦古者艾虎蒲剑之遗意。"

艾草在野外极易生长，于生活中被广泛使用。唐代孟诜在《食疗本草》中记"采嫩艾作菜食或和面作馄饨，治一切鬼恶气，上服治冷痢"。明代李言闻在其《蕲艾传》中称赞艾草"产于山阳，采于端午，治病灸疾，功非小补"。因此，民间广泛使用艾叶来泡茶、煲粥、做汤、蒸糕、煮食鸡蛋等。"端阳时节草萋萋，野艾茸茸淡着衣。无意争艳呈媚态，芳名自有庶民知"的诗句，展现了艾草于野外的蓬勃生长之势，艾草为天下黎民百姓生活之疾苦，默默奉献其精粹，以慰安好。

（二）仙人与菖蒲

五月五又被称为"菖蒲节"。菖蒲、艾草和蒜头另有"端午三友"的称号。人们以菖蒲作宝剑、艾草作鞭子、蒜头作锤子，捆扎成束悬于门庭，作为退蛇、驱虫、抗病菌的"三种武器"的象征。

其中被称为"水剑"的菖蒲，又称"尧韭""昌阳"，其名来自"乃蒲类之昌盛者，故曰菖蒲"。因其富含挥发性芳香油，具有提神、通窍和杀菌的作用，很早就被先民采用并服用。如《周礼·天官》中记："醯人掌四豆之实。朝事之豆，其实韭菹、醓醢，昌本、麋……"这里的"昌本"即是菖蒲根。《吕氏春秋》中写道："冬至后五十七日，菖始生。菖者百草之先生者，于是始耕。则菖蒲、昌阳又取此义也。"说明菖蒲先于百草生长，根茎都充满了至阳之气，传说长期服食可以驻颜、辟邪，有延年益寿之功效。

中国的菖蒲也有多种品类，如白菖蒲、水菖蒲、石菖蒲、钱蒲等。访仙炼丹以求长生不老的方士称白菖蒲为"水剑"。《本草·菖蒲》曰："典术云，尧时天降精于庭为韭，感百阴之气为菖蒲。故曰尧韭。方士隐为水剑，因叶形也。"道教中诸多名士，如寇谦之、郑鱼、曾原等，皆因服食菖蒲得道。《神仙传》中的"咸阳王典食菖蒲得长生；安期生采一寸九节菖蒲服，仙去"，《抱朴子》中的"韩众服菖蒲十三年，身上生毛，冬袒不寒，日记万言"。《道藏·菖蒲传》述"菖蒲者，水草之精英，神仙之灵药也"，详细叙述了服食菖蒲的方法及功效，不仅可以消食、去痰、白发转黑，还可以使掉的牙齿再生出来直至永生，甚为奇幻。由此可见，菖蒲被赋予了"仙灵""异根""灵苗"等浓重的仙道文化色彩。

与艾草一道束于门庭的是白菖蒲，它亦被用于在端午时节泡制药酒。《荆梦岁时记》中也有"端午以首蒲一寸九节者，泛酒以瘇瘟气"，"以菖蒲或缕或屑，以泛酒"的记述。《清嘉录》中记载的是将雄黄研磨成粉末，再杂以蒲根碎屑，"和酒饮之，谓之雄黄酒"。饮用菖蒲酒、雄黄酒，成为一种祛疾除疫的习俗。

从历代吟咏菖蒲酒的诗句中，亦可看出民间信俗中的菖蒲崇拜。比如李白的诗句"我来采菖蒲，服食可延年"，陆游的"菖蒲古上药，采服可以仙"，还有黄玺的"邀倒金樽，细把菖蒲切"，叶小鸾的"酒泛菖蒲香玉碎"等，诸多美好的诗句均描绘了菖蒲所独有的仙道气质，赋予了这株东方仙草神秘

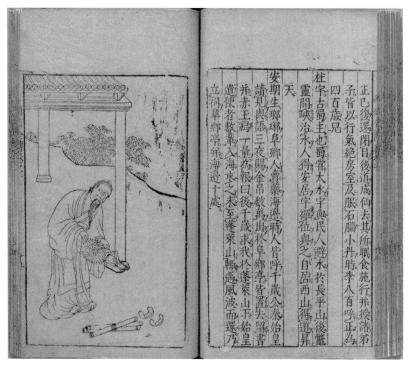

《有象列仙全传·安期生》（明王世贞辑次，明万历汪云鹏校刊本）

且浪漫的气息。

　　有必要区分的是置于文人案头清供的石菖蒲。《群芳谱》以赞美的口气写道："（石菖蒲）可以适情，可以养性。书斋左右一有此君，便觉清趣潇洒，乌可以常品目之哉！"文人夜读扑案，双目颇受松烟之困扰。《花镜》中也谈及了石菖蒲为何为读书人所钟爱，"灯前置一盆，可收灯烟，使不熏眼"。据说石菖蒲味辛温无毒，具有开心、补五脏、通九窍、明耳目、乌须发、轻身延年等神效。

三、"天中五瑞"克五毒

　　古人将五月称为"恶月"或"百毒月"。《燕京岁时记》"恶月"条："病善正月，恶五月。"五月五日，又为"恶月恶日"。此时天气湿热，蚊虫滋生，百毒齐出且易发生病瘟，古人坚信疾疫多皆因遭遇不可名状的邪气与毒物。因此，端午驱五毒成为存续生命活力，尤其是保护孱弱幼童的首要任务。传说恶月出生的孩子，不仅易夭折，还会为家庭带来不祥，须采取巫术等手段驱赶或躲避五毒之害。

但也有学者考评，五毒也有孕育护生和祈求子嗣的象征寓意。如老子《道德经·五十一章》中有"亭之毒之"一语。"亭"谓品其形，"毒"谓成其质。这里的"毒"，是指化育，与"育"音义通。从此观点来看，五毒图案也多用在祈嗣、婚仪的用物之上，可以认为"毒"字在"五毒"这个词语里，表示"化育和繁衍"，而与"毒害"无关系。

从卫生清洁意义上看驱五毒，是生活经验与防疫智慧的积累。端午驱五毒的操作方法主要是撒石灰、熏药草，如焚烧艾草、苍术、白芷等，不仅能驱毒虫，还能祛瘴气。而具有交感巫术色彩的"悬艾虎、挂蒲剑、贴钟馗、画五毒符、刺五毒"等，则是以接触药用植物、贴符咒或以针刺的顺势巫术来消除毒虫毒害的威力，往往以其仪式象征意义而彰显强大的震慑力。

清富察敦崇在《燕京岁时记·天师符》中描写了京城每至端阳，市肆上都会出售绘制的五毒符咒，都城中人士争相购买，带回家中后，粘之中门，以避祟恶。清顾禄的《清嘉录·五月·五毒符》中也记述了这种五毒符的形制与悬挂位置："剪五色彩线，状蟾蜍、蜥蜴、蜘蛛、蛇、蚖之形，分贻檀越，贴门楣、寝次，能魇毒虫。"

刺五毒则是在五毒符的基础上生发出来的一种巫祝形式，用红纸印画五种毒物，再以针刺于五毒之上，使其不再具有伤害性。民间有为儿童穿五毒肚兜、五毒鞋、戴五毒帽披五毒斗篷等习俗，这也是以刺绣的形式达成刺五毒，避邪祛凶，祈保幼童健康成长的意愿。从另一角度来说，把五毒形象缝制在儿童日常穿戴的衣物之上，具有看图识物的启蒙教育作用。

另一种更具厌胜效用的驱五毒手段，则是绘制通灵的五瑞图悬挂在家中，以禳不祥。端午香草组合成"天中五瑞",可压制五毒,"天中五瑞"分别为菖蒲、艾草、石榴、蒜头和龙船花,多为至阳之物且具有浓烈的香气,既可驱除溽暑、毒害,又有提神、健身的药效。除上述五种瑞草,古人还从其他的五月花果,如萱草、蜀葵、栀子、琵琶、樱桃等中任选五种作为端午清供,并称"午时花",又称"端午景"。

南宋周密在《乾淳岁时记》中记述道:"以大金瓶数十,遍插葵、榴、栀子,环绕殿阁及分赐后妃诸阁。门首各设大盆,杂植艾蒲、葵花、上挂五色纸钱,排钉果粽,虽贫者亦然。"又有《武林旧事·端午》记:"插食盘架,设天师艾虎,意思山子数十座,五色蒲丝百草霜,以大合三层,饰以珠翠、葵、榴、艾、花。"南宋《西湖老人繁盛录》则述:"初一日,城内外家家供养,都插菖蒲、石榴、蜀葵花、栀子花之类……虽小家无花瓶售,用小坛也插一瓶花供养,盖乡土风俗如此。寻常无花供养,却不相笑,惟重午不可无花供养。端午日仍前供养。"

石榴花可清热解毒,具有药性,于农历五月盛放,故又称"榴月"。石榴不仅多子,且音近"留",多用于佑子、留子。而菖蒲如剑,艾虎为骑,

艾虎五毒肚兜
(清华大学艺术博物馆藏)

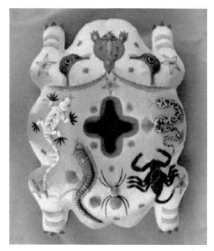

五毒纹耳枕
(山西省工艺美术馆藏)

五月端阳:碧艾香蒲处处忙

《天中佳景》（台北"故宫博物院"藏）

蒜头杀菌消毒，状如锤子，往往与五月石榴花神钟馗组合。田汝成的《西湖游览志余》中记："家家买葵榴蒲艾，植之堂中，标以五色花纸，贴画虎蝎或天师之像。"又如《清嘉录》中述："截蒲为剑，割蓬作鞭，副以桃梗蒜头，悬于床户，皆以却鬼。"

历代留存的节令绘画中可一窥这一古老的厌胜图像。如元人绘制的《天中佳景》：上部绘有钟馗与灵符，意为驱魔消灾；，花瓶中插有蜀葵、榴花、菖蒲，枝梢系有精致香囊；果盘里盛放着粽子、荔枝与石榴。此图一派端午祥瑞之景，悬挂于屋内，驱邪养目，宜室宜家。

民间木版年画
《虎除五毒》

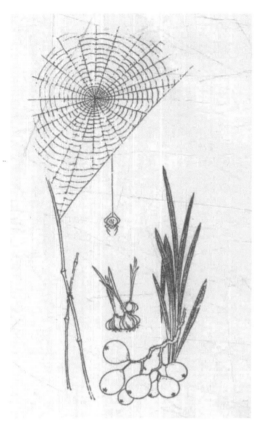

中国传统图样"天中集瑞"

清《天中五毒献瑞图》（首都博物馆藏）

　　传统图案"天中集瑞"是另一种对端午五瑞集结的表达图式。多绘有一蜘蛛（宋称为"喜子"）自天而降，寓意天和喜；蒜头是降百毒的灵草；菖蒲为天中节的必备之物；枇杷，又称庐橘，《花镜》曰："（枇杷）秋蕾，冬花，春结子，夏熟，备四时之气。"故枇杷被视为吉祥水果，又因其满树金黄，喻意"金玉满堂"。

　　饶有风趣的是清人的《五毒献瑞图》，五瑞与五毒一抛以往相争相斗的胶着状态，而是和谐相处，共同营造出喜庆祥和的氛围。图中仰首的老虎，口衔红色长虫伴以碧艾、菖蒲；蟾蜍则骑坐在虎背上，左持一枝石榴，右肢扶蛇；蝎子位于艾虎前方，以双钳上举一果篮，似献礼状；身旁堆放着粽子、樱桃、桑葚等时令果品；老虎的尾部则立有一只壁虎，其双肢持有一红柄长戟，上系彩幡；而蜈蚣则体生双翅，绕飞于幡前。"阴阳相冲化万物"，五瑞与五毒充分表达的是中国阴阳哲理中的统一、对立和互化。

四、结　语

"正是浴兰时节动，菖蒲酒美清尊共"。蒙昧时代，避邪禳灾是先民抵御疾疫的重要主题，而面对自然的神秘未知，先民在趋善避恶的原始思维与心理下发挥出强大的联想与创造力，"万物有灵"驱动他们在有限的认知中不断探寻，香草植物赋予他们通感与疗愈的力量。从"沐兰汤"到"悬艾蒲"，从"斗百草"到"五瑞图"，端午药草的使用方法极为朴素，却时刻展示着端午节蕴含的"追求阳，屏蔽阴；倡导正，鞭挞邪"的深厚民俗思维，饱含着华夏民族阴阳转换，万物相生，调和自然以追求和谐与平衡的哲理。

2006 年 6 月，端午节入选首批国家级非遗名录。2008 年起，端午成为中国法定节假日。2009 年 9 月，联合国教科文组织正式将其列入人类非遗代表作名录，端午节成为中国首个入选世界非遗的节日。端午佳节"因天人相应而立，孕人文精神而丰"，它具有浓郁的家国情怀与民族气节，是集祈福攘灾、祀神祭祖、娱乐聚饮于一体的民俗大节，它承载着华人族群共同的记忆与文化情感，是群体内部共享并世代传承的优秀文化遗产，理应为我们所珍视。

六月天貺

好向东园看晒袍

重数节日在中华节序中是一种特有的现象，如我们所熟知的"三月三""五月五""七月七""九月九"。与奇数重叠的节日不同，"六月六"因其月份与日期均为偶数，"六"与"禄"音近，又有"顺"的寓意。在中国人的传统观念中，这是极为祥瑞的时间节点，故又被称为"半年福"。

六月六，又被称作"天贶节、洗晒节、清暑节"等，节期一般于小暑前后。秦汉时期，六月节为"伏"，"伏"与"腊"是当时两个最为盛大的节日。唐人吕才编订的《阴阳书》中记："夏至后第三庚为初伏，四庚为中伏，立秋后初庚为末伏。"三伏是全年中气温最高且又最潮湿、闷热的时段，光照强烈，雨水丰沛，故六月六节令行事多与太阳及水有关。先民借盛夏烈日与神圣之水以驱除不洁与污秽，迎来祥瑞与幸运。

有趣的是，六月六的节日内涵与五月五的"避恶"迥异，节俗主要围绕"择吉"而展开，在最为吉祥的时间节点上祭祀、洗晒、宴游、归宁、尝新、补饮清凉、制曲做酱、调制药方等。六月六择吉而动，生成、固化并衍生出一系列生活气息浓郁、富有民间智慧的特有节俗，集中体现了先民找寻、确定适宜的时间与空间，充分把握天时、地利、人和三者之间的和谐关系，以进行适宜的农事生产与社交活动的智慧与经验。

一、晒——众生之象

六月六被定为"天贶节"始自宋代，原意为"天赐吉祥"。《宋史》中记录了设置天贶节的由来："大中祥符四年，诏以六月六日天书再降日，为天贶节。"宋真宗赵恒声称在六月六日，上天赐予了他一部天书，他在泰山脚下的岱庙建造了天贶殿以答谢天恩。天贶节被确立为官方节日之后，又逐渐吸纳了伏日、五月与七月节的若干习俗，形成了丰富的年中六月节体系。六月六首要之事是利用年中最为充沛的阳光来曝晒，意在"清除故气，迎祥纳祯"，因此上至宫廷下至市井，无人不晒，无物不晒，这被形象地称为"晒红绿"。

（一）皇室庙宇的豪晒

传说六月六为龙王爷"晒鳞"的吉日，皇室宫廷要晒銮驾与龙袍。传说汉武帝的建章宫西北处有太液池，池西专门建有暖衣阁，是宫女们登阁晒龙袍的地方。宋卜子《杨园苑疏》记："太液池西有武帝曝衣阁。至七月七日，宫女出后衣登楼曝之。"可见汉时晒衣习俗尚在七夕，自唐之后，原本属于七月七的晒衣、晒书习俗，逐渐向六月六转移。从明人沈德符的《野获编》中可一窥宫廷晾晒重要文书的情形："六月六日，内府皇史晟晒曝列圣实录，列圣御制文集诸大函，每岁故事也。"清人潘荣陛的《帝京岁时纪胜》中也记述道："六月六日，内府銮驾库、皇史晟等处，晒晾銮舆仪仗及列朝御制诗文书籍经史。士庶之家，衣冠带履出曝之。"此处皇家曝晒的是与仪仗相关的衣冠、物什等。

除去宫廷的殿堂，庙宇、禅宫则要在六月六晾晒贝叶经书。传说大唐高僧玄奘西天取经时，经文不慎落入海水中被浸湿，后置于巨石之上晾晒，故有六月六"晒经会"之说。在清顾禄的《清嘉录》中还记述了民间女子"翻经"的诉求："是日，诸丛林各以藏经曝烈日中，僧人集村妪为翻经会。谓翻经十次，他生可转男身。"

六月六，各地还有祭祀不同地方神灵的民间信俗。"六月六，祀城隍"，城隍是古代社会地方城池的保护神，每逢六月六要迎神设宴，晒城隍袍，引来观者无数。如《松江府志》中记："六月六日为天贶节，喜晴，晒书及衣裳，可不生虫蠹，合城成衣匠在上海城隍庙东园有晒袍会。"全城的裁缝均要聚集在城隍庙，参与晒袍会，某种意义上这也是一种制衣行业的赛神祈祝之举。清人张春华的《沪城岁事衢歌》，也描述了六月六东园（今豫园）的晒袍会："天贶晴开化宇高，郝隆腹笥重词曹。拈毫记咏江乡事，好向东园看晒袍。"

（二）文人墨客的雅晒

六月六光照强烈，曝晒书籍既能干燥收湿，又能驱赶书页间的书蠹。清人富察敦崇在《燕京岁时记》中记述道："京师于六月六日抖晾衣服书籍，谓可不生虫蠹。"《清嘉录》中也记录了"晒书籍图画于庭，云蠹鱼不生。"袁景澜在《吴郡岁华纪丽》中亦生动描述了吴地六月六晒衣物与书籍的情景："六月六日，曝书籍图画于庭，以辟蠹去霉蒸，亦或晒其服物用。"

蠹鱼，就是书蠹，它通体银白，尾部分叉，寄生在书卷之中，为好书者又爱又恨。它们以啃噬书籍为生，书生们想尽办法消杀，譬如晾晒就是其中之一，但又希望自己如书虫般阅尽万卷书。更有传说蠹鱼可助升仙，唐段成式的《酉阳杂俎》中对此记载道：在夜晚，举着蠹鱼对着星斗祈祷，然后煎水服用，便可飞升成仙。传说虽是荒诞，但寄托了古代读书人的梦想，由此可见蠹鱼美妙的文化象征了。

典故"祖腹晒书"出自《世说新语·排调》，书中风趣地记述了东晋名士郝隆晒腹中之书的故事："日中仰卧，人问其故，答曰'我晒书'。"机

南宋 佚名《槐荫消夏图》（故宫博物院藏）

智而充满自豪的回答，充分展现了文人的"腹有诗书气自华"这一自晒渊博知识的方式。清人倪绳中在《南汇县竹枝词》中写道："节逢天贶乐相于，吃罢馄饨兴有余。艳说郝家真别致，晒衣偏晒腹中书。"这里的"郝家"指的正是晒腹中书的那位郝隆——郝参军。清代朱彝尊也曾在荷花池旁"晒腹"，被南巡的康熙皇帝赏识从此得以重用。他告老还乡后，便在当年的荷花池畔建造了曝书亭，藏书达八万余卷，一时传为美谈。

历代士人喜藏书者，晒书日于他们而言不仅是对藏书的一次清点，更是与同好者相互交流的良机。因此，不难理解为何在中国传统绘画中，"晒书图"会成为文人抒发情志的经典绘画母题。晒书图多描绘方家、士子、僧道等，或将书摊放于石桌上，或晾晒于路边，生动刻画出一派"尊书、爱书、痴书、迷书"的神态。清代书画家潘奕隽在他的《晒书诗》中描述道其六月六日在家中，带领儿女晒书，尽享人伦之乐，又慨叹于时光流转，儿女须懂得"诗书传家"的寄寓："三伏乘朝爽，闲庭散旧编。如游千载上，与结半生缘。读喜年非耋，题惊岁又迁。呼儿勤检点，家世只青毡。"这是中国文人钟情于收书、藏书、晒书习性的真实写照，传达出"忠厚传家远，诗书继世长"的传统家风观念。

（三）民众生活的竞晒

最为多姿多彩的民间生计竞"晒"，让六月六充满了烟火气息。《松江府志》记录有上海地区伏日要晒书帙、衣裳的习俗。《松江府志》中还补述道：

清 唐岱、丁观鹏《十二月令 六月》局部（台北"故宫博物院"藏）

"六月六日，涤器于河，食馎饦（汤水面饼），云解夏疾。"清人秦荣光在《上海县竹枝词》中也写道："涤器河中河水浑，节奉天贶吃馄饨。晒袍会盛城隍庙，南阮休悬犊鼻裈。"说的是这一天，家家户户、各色行当要在河里清洗器皿，食俗是吃馄饨，这可以解暑，最精彩的内容则是前文提及的去城隍庙看晒道袍。

这首《上海县竹枝词》中提到的"南阮北阮"的用典，语出南朝刘义庆的《世说新语·任诞》："北阮盛晒衣，皆纱罗锦绮；仲容以竿高挂大布犊鼻裈于中庭。"说的是竹林七贤中的阮籍、阮咸叔侄，其阮族所居道北者均是富户，而在道南者均为贫家。"犊鼻裈"是晋时贫寒人家穿着的短裤，阮咸以"晒裤衩"来戏谑地挑战富者的"纱罗锦绮"，对谄媚世俗的嘲讽可谓是酣畅淋漓。《史记·司马相如列传》中"文君当垆，相如身自着犊鼻裈与佣保杂作，涤器于市中"可作印证。

"六月六，家家晒红绿"。无论是富人的"绮绡"还是贫者的"敝缊"，均可平等地享用吉日的光照。市井生活各行营生搬出家底，晒出了六月节的斑斓世界。如中药铺里晒生熟药材，估衣铺晒估衣，皮货铺晒皮货，轿铺晒轿子。酱油铺更于此日晒酱，六月开晒，八月出成品，最为鲜美，与腊月做醋对举，故有"伏酱腊醋"之称。

二、洗——神妙之水

（一）圣灵之祭的水

"六月六，水头伏"。六月六的水，被赋予了"被除不祥"的神圣功能。相传六月六初为"神诞节"，因大禹生日而得名，拜祭治水英雄大禹的习俗在民间广泛存在。西汉扬雄在《蜀王本纪》中记述道："禹，六月六日生于石纽。"石纽相传为夏禹出生地，今四川省汶川县境。西晋皇甫谧在《帝王世纪》中也记载了："鲧纳有莘氏，臆胸拆而生禹于石纽。郡人以禹六月六日生，是日熏修裸飨，岁以为常。"在晋代，民间就已有备办牲醴，祭拜治水有功、为民造福的大禹的风俗。汉代赵晔的《吴越春秋》亦载："茂州石泉县，其地有禹庙，郡人相传禹以六月六日生。"

南宋祝穆编撰的地理类著作《方舆胜览》也记载道："禹庙在石纽山下江边。郡人以禹六月六日生，是日熏修裸享，岁以为常。"意思是每年六月六，当时的石泉(北川)人均会在石纽山下祭祀大禹。苏轼在《过濠州涂山》诗中亦提及："淮南人传禹以六月六日生，是日数万人会于山上"。至明代，大禹的庙祭已然是明代官方的祭祀，明成化《中都志》载："禹庙，在涂山绝顶……国朝定祀典命有司，以六月六日奉祭。"清代嘉靖《怀远县志》亦载："(禹庙)每岁六月六日遣官致奠，享祀不忒，其崇德报功盛矣。"由此看来，历代于六月六祭祀大禹从未间断。

"六月六"礼拜大禹，一是颂扬大禹治水的功德与精神，二是祈求风调雨顺、五谷丰登。值得关注的是"六月六，祀大禹"的传统延续至今并被弘扬，如浙江绍兴的"大禹祭典"于2006年5月被列入第一批国家级非遗名录；自2007年起，中国将公祭大禹陵典礼升格为国祭；号称"神禹故里"的北川"大禹庙祭"习俗，

宋马麟《夏禹王像》(台北"故宫博物院"藏)

也于 2009 年成功被列入第二批四川省非遗名录。对于当代六月六节日的恢复与建构，"大禹祭祀"应成为当之无愧的重要内容。

（二）万能之引的水

六月六的水具有神妙之用，是上古"清水祓禊"观念的遗存，也是先民生活智慧与生产经验的经年积累。民间素有"六月六，藏井水"的风俗，传此日"汲水浸物，经久不坏"。东汉崔寔在《四民月令》中说："（六月）六日可收葵，可做曲。"唐代韩鄂的《四时纂要》中亦载："六日造法曲。收楮实，此月六日收为上。"宋代陈元靓的《岁时广记》中也提及："以六月六日造谷醋合酱豉，云其日水好。"

明清时期，收集"六月六日水"的传统尤兴。以"六日水"作醋，谓之"六月红"，以之沏茶谓之"六日饮"，更宜以之和面、作曲、造酒等。明人沈榜《宛署杂记》中载："六月六日，各家取井水收藏，以造酱醋，浸瓜茄。水取五更初汲者，即久收不坏。"明代高濂的《遵生八笺·饮馔服食笺》中还提供了特制芝麻酱的配方："熟芝麻一斗，捣烂。用六月六日水，煎滚，晾冷，过二七日后食用。"

除此之外，医方所用神曲皆六月六日造也。相传六月六这一天，青龙（青蒿）、白虎（白面粉）、朱雀（赤小豆）、玄武（苦杏仁）、螣蛇（辣蓼）、勾陈（苍耳草）六大神仙下凡，六神聚首，此时制作的六神曲疗效不同凡响。六神曲始载于唐朝《药性本草》一书，其味甘、辛，温，归脾、胃经。其功效为健脾和胃，消食化积。用于治疗饮食停滞，消化不良，脘腹胀满，食欲不振，呕吐泻痢。

明代郑敬先的《医林撮要》中记载了："造神曲法，六月六日谓诸神集会之晨，故名为神曲。神曲，六神之曲也，必六物备，可谓之神也。"神曲具有消食化积、健脾和胃的功效。明人龚廷贤撰的《医学全书》中记有被称为"玉壶春"的制曲法："六月六日，取不语水听用。七月七日造面，每用面十斤，绿豆三升，磨破水泡，去皮，用六月六日水煮熟，晒干，与面同调一处。可用造酒。"近似现在的酵母制剂。又如"炼谷子"煎法:"取谷子五升,六月六日采,以水一石,煮取五升去滓,微火煎如饧,即堪用。"

（三）动物沐浴的水

六月六的神水,还可为动物洗浴,其中颇为壮观的场景,非帝都的洗象仪式莫属。白象在中国传统文化意象中有"天下太平"的含义,佛教中象征着至高的力量和智慧。明代刘侗、于奕正编撰的《帝京景物略》中描写了三伏日万人观象沐浴的巍峨场景:"锦衣卫官以旗鼓迎象出顺承门,浴响闸。象次第入于河也,则苍山之颓也,额耳昂回,鼻舒纠吸嘘出水面,矫矫有蛟龙之势。象奴挽索据脊,时时出没其髻。观者两岸各万众,面首如鳞次贝编焉。"

宋 苏汉臣《洗象图》明代佚名仿本局部（美国亚瑟·M·萨克勒博物馆藏）

徐渭在他的诗作《观浴象》中展现了"帝京初伏侯，出象浴城湍"的磅礴气势。

清时朝廷为了显示"四海清平"的气象，每至六月六日都会举行隆重的洗象仪式。在通往宣武门西的城壕处，"游骑纷杳，车辆似阵，食货络绎，百戏如云"。无论是贵族仕女、文人墨客，抑或是平民百姓，皆蜂拥而至，争相观看洗象盛景，以期被"吉祥"之泽，诸多诗作皆可印证。如清人王士禛的《竹枝词·观洗象》："玉水轻阴夹绿槐，香车笋轿锦成堆。千钱更凭楼窗坐，都为河边洗象来。"还有清人宋祖昱的《洗象行》："宣武门边尘十丈，御河六月观洗象。"

宫廷洗的是吉祥之"象"，民间则喜给猫狗汰浴。吴谚云："六月六日狗醵浴。"闽谚亦云："六月六，犬洗汤。"细究此俗缘由，可从宋人金盈之的《醉翁谈录》中一窥，书中释道："猫儿常苦寒，一岁之中，唯六月六日一日热。"暑气最盛的时节，是为生性畏寒的动物洗浴的适宜时机。明人沈德符的《万历野获编·风俗·六月六日》条，明人冯应京的《月令广义》以及清人钱思元的《吴门补乘》等，均从卫生去虫的角度记载了此俗："六月六日，浴猫狗。谓是日率猫狗于河洗之，可避虱蚁。"

值得一提的是，与猫狗浴去虫功能相迥异，六月六的风俗中还紧密联系了"浴儿"习俗："闽人于是日不浴，然独子而娇养之者，父母转令其沐浴，以为可如猫狗，易于长养也。"六月六的"浴儿"，是为了让"独养的娇儿"如同猫狗一般"贱生贱养"，包含着"可保其平安，健康成长"的独特民俗心理。

三、赏——清暑之花

（一）簪戴茉莉

江南民谚云："六月六，种茉莉。""六月种茉莉，双瓣重合香破鼻。"宋人陈善在《论南中花卉》中提及茉莉，"惟六月六日种者尤茂"。茉莉与玉簪、莲花同为"六月花"盟主，又与葡萄同为"六月六日"生日，享有"雅友、远客、

北宋 赵昌 《茉莉花图》（上海博物馆藏）

艳香"之称，为文人雅士听琴、品茗之佳配，伏日以之盘插，颇具"披襟钓水"的清暑意趣。

古人将茉莉视为盛夏清暑之花，将茉莉放于案头、枕旁，或制成小花囊、小花篮悬于帐中，可令烦暑顿消。此种风雅的消夏做法，在明末文震亨的《长物志》中就有记载："（茉莉素馨）夏夜最宜多置，风轮一鼓，满室清芬。"清人汪灏所辑的《佩文斋广群芳谱》"茉莉"条中亦写道皇家避暑纳凉，多在殿堂置茉莉、素馨等，"南花数百盆于广庭，鼓以风轮，清芬满殿"。

茉莉清暑，簪戴于发间，自唐时就是流行之举。唐栖复《法华经玄赞要集·法师功德品》云："经言末利者，此云鬘华，堪作鬘故。"这里的"鬘"，是指美好的头发。南宋周密《武林旧事·都人避暑》中记："（六月）茉莉为最盛，初出之时，其价甚穹，妇人簪带，多至七插。这里描述的宋代簪花可多到七排，可以想象一下那满头茉莉的清香。清代李渔也在《闲情偶寄》中写道："茉莉一花，单为助妆而生也。"江南的夏日，街头巷尾都有出售茉莉与白玉兰花串的，女子将其别在胸襟，戴于手腕，更是一道别样的风景。

此外，炎炎夏日啜饮茉莉花茶可安定情绪、纾解郁闷。明代王象晋撰的《群芳谱》中记载了茉莉花茶的窨制方法："每晚采花，取井水半杯，用物架花其二，离水一二分，厚纸密封，次日花既可簪，以水点茶，清香扑鼻甚妙。"诗句"调琴独奏猗兰操，啜茗清飘茉莉香"，贴切地描述了茉莉在夏季生活中清雅助兴的妙用。

（二）艇舟观莲

六月六，还是赏荷观莲的最佳时机。六月"观莲节"，又名"莲诞节"，专以观赏荷花，进行与荷花相关的游艺娱乐为节日内容，盖由唐代伏日游于水滨赏荷习俗演变而来。清人编撰的《渊鉴类函》中记："唐时都人最重三伏，盖六月并无时节，故于伏日往来风亭水榭，雪槛冰盘，浮瓜沉李，新荷苞醡，曲水流杯，笙歌通宵而罢。"意思是唐代六月没有特别的节日，所以炎日之际，多在亭榭处宴饮歌舞，水中观荷，风雅渐成风俗，最后形成了专门的节日。

到了宋时，六月赏莲避暑的风俗更为具体丰富。南宋建都临安后，帝王朝臣们亲自参与观莲、采莲等游乐活动，形成了官民观荷同乐的风尚。《梦粱录·六月》载："是日（六月六日）湖中画舫，俱舣堤边，纳凉避暑，姿眠柳影，饱挹荷香，散发披襟，浮瓜沈李，或酌酒以狂歌，或围棋而垂钓，游情寓意，不一而足。"在湖上游船，在柳荫下休憩，与友人享用夏季的瓜果，佐以美酒，夏季的畅游恣意不言而喻。周密在《乾淳岁时记》中也有相类似的描述："此日游湖，蒲深柳密，宽凉之地，披襟钓水，月上始还。"在亲水之畔消暑直到月华高悬才兴尽而归。

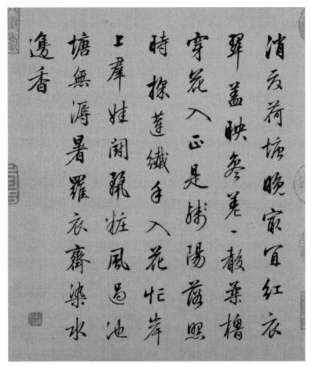

消受荷塘晚宴宜红衣
翠盖映参差一叶叶樯
穿花入正是辣阳返照
时探莲纤手入花忙岸
上犀娃闹靓妆风遍池
塘无溽暑罗衣齐染水
逸香

清 陈枚
《月曼清游图》局部
（故宫博物院藏）

荷花作为六月的避暑花，士人多插于瓶作为文房清供以祛暑。宋杨万里有诗云："红白莲花共玉瓶，红莲韵绝白莲清。"除了瓶供，士大夫阶层还流行咏荷、画荷、饮荷、食荷。清代松江画家陈枚曾作《月曼清游图》，在六月的画面中，画家用青蓝笔调层层叠叠涂染出几顷荷塘。垂柳浓荫中，仕女们有的高楼消暑，有的凭栏垂钓，有的放艇清游，有的池塘采莲，船头还放有鲜插的赏莲，迎面水上风来，莲香浮动，无上清凉之感。

四、结　语

重数节日被认为是天地交感、天人相通的日子，蕴含了先民追求和谐、谋求对称的价值观念。"六月六"偶数相叠，强调的是与自然共生的中和思辨以及遵循顺势而为的内在规律。从六月六的光照，到六月六的圣水，兼具卫生与仪式况味的洗与晒，是在"日常与非日常""洁净与污染""有序和脱序"的阈限中，实现循环转换，从而洞察生命之意义。古老的六月六习俗，虽然部分已被现代社会技术消解，但其核心的文化内涵与节日精神，可在新时期文化资源的转换与利用中，重新焕发出勃勃生机。如各地举办的晒书节，可以培养大众读书、爱书的情志，帮助读者通过阅读实现内心的清凉与丰盈；以社区为单位组织的晒家谱活动，可以促进良好家风的传承；恢复建构"大禹祭"，让治水精神成为中华民族精神的源头与象征。

除去汉族，苗、壮、侗、瑶、水、布依、土家、仡佬等民族也有丰富的六月六节俗活动，如宰猪杀牛、包粽子供奉祖先、吃五色糯米饭、祭田神免蝗灾、赶六月六场、躲山、对歌圩、掷花包寻找意中人等。西龙胜瑶族的晒衣节，湖南苗族地区的赶歌节已被打造成热门的旅游节日品牌。新时代的六月六，正以更多元、更符合时代发展的方式，为民众所共享！

七月七夕

月下穿针拜九宵

七月七夕：月下穿针拜九宵

农历七月，夏转入秋。在初民的时间观念中双七重叠，有着神秘的创世色彩以及特殊的祥瑞寓意。《说文》中释"七，阳之正也"，意思是"七"为正阳之数。在《周易·复卦》爻辞中，数字"七"有"反复""归来"的意思，"反复其道，七日来复"。三国时代徐整的《三五历纪》对一至九的数字含义与功能大致作了界定，认为"数起于一，立于三，成于五，盛于七，处于九"。数从一开始，建立于三，成就于五，壮盛于七，终止于九，或见"七"的状态。

《汉书·律历志》中记："七者，天地四时人之始也。"或可追溯到楚帛书甲篇记述的创世次序，先有伏羲女娲夫妇生下四子，即为四神，代表四时，然后造地，最后造天。"天地四时"创立，即有了宇宙，神才开始创造凡人，故说"天地四时，人之始也"。农历正月初七，传说这天是女娲抟土造人的日子，亦称"人胜节""人庆节""人七日"等。

七月七日，双七相联，与星期会，有着诸多节日别称，如"首秋、星期、仙期、绮节、罗织节、巧日、乞巧节"等。谢灵运在《七夕咏牛女诗》中写道："火逝首秋节，新明弦月夕。月弦光照户，秋首风入隙。""首秋佳夕"之称，是源于秋季的第一个节气立秋，立秋之后即将开启秋天的收种。谚语"七月七，掐谷吃"，"七月七，晒谷米"，此时节，农民祭祀天地、先祖，既要感恩首秋的第一批收获，同时也要对大秋的丰收年景作出祈愿，极为恳笃。此外，乞巧节、穿针节等，以七夕节俗来命名，多表现这一古老节日丰富多彩的民俗活动。

一、星象崇拜与牛女传说

"七月七，观星河"。追求秩序感的古人"仰以观乎天文，俯以察乎地理"，将天空的星宿规划得井井有条，并与地面区域的国、州一一对应，就天文学来说称为"分星"，就地理学来说称为"分野"。东汉天文学家张衡在《灵宪》这部天文学著作中，讲述了天地的生成、命名、演化、结构，日月星辰的本质及运动的规律。其中提到古人对星象的观测与认知，云："星也者，体生于地，精成于天，列居错跱，各有逌属……在野象物，在朝象官，在人象事，于是备矣。"意思是说，星辰的产生及运行，均来自大地山川及其精气的变化，星辰形体变化分布错列于天，因所分布的位置不同、所呈现的样态不同，故而具备不同的属性。天象的命名宛如人间社会，在野外象动物，在官府象官员，在人世象生活中的事物，于此天象的命名得以完备。这种朴素的自然观与宇宙观认为，亘古存在的星空与世间万象存在着天人对应的关系。

先民积累了丰沛的星象知识，早在战国时期，就已出现了二十八星宿的完整名称。湖北曾侯乙墓发掘的漆箱盖面上就描有一幅星图，展现了天空的星宿，北斗是北面天空的象征，而二十八宿则在南面天空循环往复。古人通过观测星宿的位置来测定岁时季节。《大戴礼记·夏小正》记："汉案户。汉也者，河也。案户也者，直户也，言正南北也。"意思是银河在夜空中旋转，到了七月，银河正好南北垂直竖立起来了。窗案门户朝南，此时银河刚好直

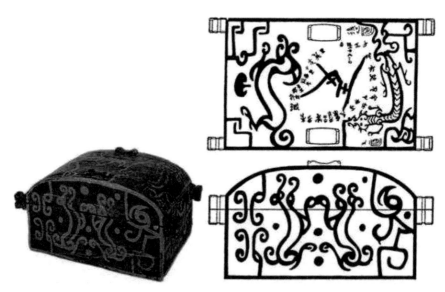

湖北随县战国曾侯乙墓漆箱：最上层南朱雀，最下层北麒麟（湖北省博物馆藏）

立在门窗中。《诗·大雅·云汉》"悼彼云汉，昭回于天"，也指出了宽广明亮的银河在夜空中运转的天体规律。

"天河之西，有星煌煌"，称"牛郎星"，"天河之东，有星微微"，为"织女星"，明亮的双星分隔于银河两岸。牛郎星又称河鼓二，其东南方有六颗牛宿星，似牛角的轮廓，在牛郎星旁有两颗较暗的星，分别是河鼓一和河鼓三，三者几乎成一条直线，与传说中牛郎挑着的两个孩子相对应。而织女星的东南方有四颗渐台星，组成的四边形状似一部织机，星宿之间正隔着宽广的银河，是以用世间最为朴实的形象，贴切地为双星命名。在神话中，牛郎、织女二位星神各司其职，《史记正义》曰："牵牛星不明，天下牛疫死。"又述："织女三星主果蓏、丝帛、珍宝。""（三星）暗而微，天下女工废；明，则理。大星怒而角，布帛涌贵；不见，则兵起。"意思是主管耕与织的双星，直接与天下太平、民众安乐的生活相关，因此对于传统农耕社会的政治稳定与社会发展来说，双星占据着至关重要的地位。

虽然双星隔天河而望，但聪慧的古人观察到，一年当中农历七月首秋，牛女二星距离最近。"跂彼织女，终日七襄。"《小雅·大东》准确地记述了织女星一天七次的更移。《夏小正》中亦云："七月初昏，织女正向东。"夜空中推窗，仰望银汉，视觉上的直观感受为促成"牛郎织女，天河相期"的神话故事，提供了无尽的灵感。

牵牛、织女神话从《诗经》时代至《古诗十九首》时期，经历了由星宿神话至人格化神祇苦恋的转变。牛郎织女神话大约形成于先秦，不晚于战国晚期。云梦睡虎地出土的秦简《日书》甲种《取妻》篇中就已出现了牛郎织女婚配的记述，"牵牛以取织女，不果，三弃"，但当时牵牛是始乱终弃的形象。至两汉时期，牛女传说约已成型，二者婚配如凡世夫妻。《汉书·武帝纪》中记昆明池中有牵牛、织女二雕像，"昆明池中有二石人。立牵牛、织女于池之东西，以象天河"。班固的《西都赋》、张衡的《西京赋》对此均有描述。汉画像石中的牛郎织女，多以普通农民、农妇的形象出现，是当时农业社会男耕女织自然经济模式的折射。四川

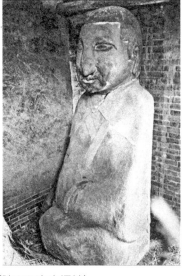

牛郎、织女石刻像（陕西西安丰门镇）

汉画像石《龙虎捧璧图》（1973 年四川郫县新胜乡出土）

郫县新胜发掘的石棺盖顶画像上，刻有龙虎捧璧画像与牛郎织女画像。牛郎手牵一牛，奋力前行，而织女手执机梭，焦急地等待着牛郎的到来，形态十分逼真。

"迢迢牵牛星，皎皎河汉女。纤纤擢素手，札札弄机杼。终日不成章，泣涕零如雨。河汉清且浅，相去复几许？盈盈一水间，脉脉不得语。"这首《古诗十九首·迢迢牵牛星》已将牛女相思之苦置于漫漫别期之中，标志着牛郎织女聚少离多的故事情节已趋向完整和定型。进入渐变期的牛郎织女故事，则更多被加入了造成牛女分离与星期的社会性因素，象征意义更为凸显。如南朝梁殷芸《小说》记："天河之东有织女，天帝之子也。年年机杼劳役，织成云锦天衣，容貌不暇整。帝怜其独处，许嫁河西几牛郎，嫁后遂废织红。天帝怒，责令归河东，但使一年一度相会。"天帝代表的父权家长制与劝农劝织的道德规训，昭然可见。

虽然牛郎织女的星期相会，对于人间情愫与人伦来讲多少有些残忍，但是那种一年一会的忠贞与相互守望，又是千古佳话，代代流传。天河配的传说故事是先民将自然星体人格化，并结合天真、神奇的浪漫想象创造的。此后经历的从神化到世俗化的双重演化，通过文学、艺术、风俗、宗教、道德等多种渠道，已深刻地渗透至中华民族的文化心理与思维方式之中。

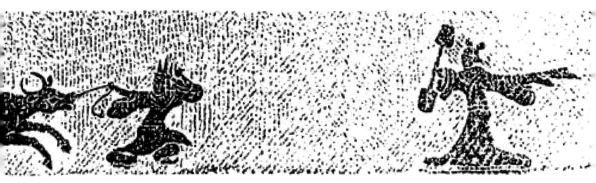

汉画像石《牛郎织女图》（1973 年四川郫县新胜乡出土）

二、织女诗画与乞巧风尚

　　七月七与丝帛、纺织主题紧密相联，又称"罗织之节""绮节"，这与主司纺织的星神——织女相关。南朝梁武帝《七夕》诗云："妙会非绮节，佳期乃良年。"明人夏完淳的《秋怀》诗之五也提及："佳期非绮节，妙会乃凉夕。"清《渊鉴类函·岁时·七月七日》述："绮节，是夕乃罗织之节也。"七月，夏秋之交的夜空，织女星升至一年中的最高点，璀璨夺目。此时天气转凉，妇女忙着纺线织布，准备越冬的寒衣。寂静的夜晚，在织布机旁劳作的织妇举头便能望见那颗明亮的主司纺织的织女星，默默许下对美满生活的无限期许。

　　女神的地位在神谱中并不卑下，甚至具有相当的权威性。《晋书·天文志》载："王者至孝，神祇咸喜，则织女星俱明，天下和平。"织女的身份，是"天孙""天帝之女""织纤女神"。《后汉书·天文志》记："织女，天子真女。"《史记·天官书》云："织女，天女孙也。""三星，在天纪东端，天女也。"汉《春秋元命苞》中亦述："织女之为言，神女也，成衣立纪，故齐能成文绣，应天道。"《新唐书·百官志》中记载："织染署例于七月七日祭杼。"宋《太

明 张灵《织女图》
（上海博物馆藏）

平广记》对织女容貌的描绘是"明艳绝代，光彩溢目，衣玄绡之衣，曳霜罗之帔"。

随着牛郎织女爱情故事的广泛传播，对这位仪容贞静、勤劳织作、情感忠贞的织女神的赞颂，可从历代画家、诗人创作的艺术作品中一窥。明代画家张灵绘制的《织女图》，图中织女体态丰满，头束髻巾，肩披长帛，手持织梭，仰头而望，双目凝神远视，似乎急切地盼望与亲人相会。巾帛随风飘逸，足部渐渐虚化于云烟，了无背景，恰似织女在无边无际的天汉中浮行。"灵画人物，冠服玄去，形色清真，无卑庸之气"，正如评述所言，张灵以高度精练的笔致，描绘出一位不贪恋天宫，而对凡间生活无限向往的神女，其意也绵绵，其情也切切，毫无卑庸之气。

织女星具有多种神职，主管纺织、瓜果、珍宝、生育、护子、姻缘等，因此民众在七夕向其行祭，不仅乞"巧"与"智"，还有"乞富、乞寿、乞子"等多种私愿。东晋葛洪的《西京杂记》中载："汉彩女常以七月七日穿七孔针于开襟楼，人俱习之。"这是最早关于乞巧的文献。周处《风土记》云："七月七日，其夜洒扫于庭，露施几筵，设酒脯时果，散香粉，于河鼓织女乞富乞寿，无子乞子，唯得乞一，不得兼求，三年乃得言之，颇有受其祚者。"南朝梁宗懔《荆楚岁时记》也记述道："七月七日为牵牛织女聚会之夜。是夕，人家妇女结彩缕，穿七孔针，或以金银石为针，陈瓜果于庭中以乞巧。"

唐柳宗元的《乞巧文》中就记述了唐代妇女于七夕向织女祈求赐予灵巧手艺的场景："今兹秋孟七夕，天女之孙将嫔于河鼓。邀而祠者，幸而与之巧，驱去塞拙，手目开利。组纴缝制，将无滞于心焉。为是祷也。"这样的乞巧场景可在中国传统绘画的"七夕乞巧图"母题中一探。

现存已知最早的乞巧图绘制于五代，发展至明清，已形成了高楼宫苑、穿针引线、供奉瓜果、祭拜织女的绘画母本。如清代姚文瀚的《七夕图》分别从三条线索，真实展现了宫廷盛大的七夕活动：画面上段牛郎织女于鹊桥相会，着意于男耕女织，治农劝桑，再通过宫廷祭祀典礼的描画，寓意五谷丰登；画面中段为乞巧活动，台阶上伫立着奉蛛盒水碗的仕女，月台上有女子拜针，巧楼左侧有仕女面向织女举手乞巧，人物个个栩栩如生；画面下段的最前端是盛放的莲花池，月台上、庭院中供奉有"磨喝乐"，并分散着"六艺"教育的童子，暗示着七夕求子育儿的习俗。

除了绘画，丝织工艺中的乞巧图也极为精致。收藏于故宫博物院的清代缂丝《七夕图》，通过娴熟的缂丝技法，形象地再现了七夕乞巧的场景。画面分为天上、凡间两部分。上方天际广袤而静谧，牵牛郎骑坐神牛，织女长裙飘曳，二人驾乘祥云，遥相呼应。下方的画面则展示了尘世间的鲜活与生机：绿木掩映的庭院，高高的楼阁上二女子正在收取白日曝晒的衣物；右侧圆月门边，一女子端一水盆，似准备投针于水；庭院正中设几案，上置乞巧果子之类的供奉物品，女子伫立在旁；左侧小亭中二女子举臂抬首对月穿针，静心凝视，尽显虔诚之态。

清 姚文瀚
《七夕图》
（故宫博物院藏）

　　详尽地记述下民众七夕情感表达形式的，除了乞巧图还有乞巧诗。《毛诗序》云："诗者，人心之感物而形于言之余也。"七夕诗源于《诗经》，始于乐府，盛于六朝，延至后世。或寓游子思妇相思之情，或喻君臣关系，或与民间乞巧风俗合流，或为牛郎织女作传，意蕴深刻而丰饶。如东晋李充的《七月七日诗》："朗月垂玄景，洪汉截皓苍。牵牛难牵牧，织女守空箱。河广尚可越，怨此汉无梁。"名句还有唐杜牧的"天阶夜色凉如水，卧看牵牛织女星"，王建的"河边独自看星宿，夜织天丝难接续"等。

　　关于乞巧风俗的诗句也不胜枚举，如南朝宋孝武帝刘骏写的《七夕诗二首》中有"迎风披弱缕，迎辉贯玄针"。初唐祖咏的五律《七夕》："闺女求天女，更阑意未阑。玉庭开粉席，罗袖捧金盘。向月穿针易，临风整线难。不知谁得巧，明旦试相看。"还有唐代崔颖的"长安城中月如练，家家此夜持针线"，权德舆的"家人竟喜开妆镜，月下穿针拜九霄"，林杰的"家家乞巧望秋月，穿尽红丝几万条"等。

　　到了宋代，还出现了七夕专有的词牌名，如"鹊桥仙""思牛女""夜飞鹊"和"乌啼月"等。最著名的当数秦观的《鹊桥仙》："纤云弄巧，飞星传恨，银汉迢迢暗度。金风玉露一相逢，便胜

清《七夕图》缂丝（故宫博物院藏）

却人间无数。柔情似水，佳期如梦，忍顾鹊桥归路。两情若是久长时，又岂在朝朝暮暮。" 在吹着金色秋风，闪着晶莹白露的季节里，仅一次的相会便胜过人间无数次的团聚，堪为对牛女爱情传说真谛的最佳阐释。

三、渡桥乌鹊与巧智促织

（一）乌鹊渡桥

关于牛郎织女相会的方式，有星桥、燕桥、凤凰引渡、轿车等，这显现出民间传说演化的多样性，自唐之后则趋向于"鹊桥相会"。汉应劭的《风俗通》中记载："织女七夕当渡河，使鹊为桥，相传七日鹊首无故皆髡，因为梁以渡织女也。"南朝梁殷芸的《小说》中云："涉秋七日，鹊首无故皆髡，相传是日河鼓与织女会于河东，役乌鹊为梁以渡，故毛皆脱去。"唐代韩鄂的《岁华纪丽》中亦记："织女七夕当渡河，使鹊为桥"。宋代罗愿《尔雅翼》也有"涉

清 景德镇官窑粉彩人物图盘《鹊桥仙渡》
（北京艺术博物馆藏）

秋七日，鹊首无故皆类。相传以为是河鼓与织女会于汉东，役乌鹊为梁以渡，故毛皆脱去"的记述。

乌鹊能够进入牛女传说成为相会的重要媒介，有两方面因素。一是鸟类的天然属性，喜鹊善筑巢、架桥。西晋张华《博物志》云："鹊巢开口背太岁，此非才智，任自然之得也。"唐段成式在《酉阳杂俎·羽篇》中述："鹊巢中必有梁……二鹊构巢，城共衔一木如笔管，长尺余，安巢中。"说的是喜鹊通晓阴阳天象，且善搭桥。此外，喜鹊群飞、聚力，有执着的责任心。梁徐勉的《鹊赋》云："观羽翼之多类，实巨细以群飞。既若云而弥上，亦栖睫而忘归。"隋魏澹的《园树有巢鹊戏以咏之》述："畏玉心常骇，填河力已穷……早晚时应至，轻举一排空。"喜鹊群飞若云、移山填河，显现出为牛女相会排除万难的坚定力量与气势，扮演了群体英雄的角色。

二是从文化意象来看，喜鹊是吉兆、相思、美满的象征。唐《开元天宝遗事》述："时人之家，闻鹊声皆以为喜兆，故谓灵鹊报喜。"《淮南子·万毕术》云："鹊脑令人相思。"高诱注："取鹊脑雄雌各一，道中烧之，丙寅日入酒中饮，令人相思。"鹊又因善筑巢而成为家庭幸福美满的代名词，正所谓"允蹈家人之正，居有鹊巢之福"。《诗经·召南》中反复叠唱："维鹊有巢，维鸠居之，之子于归，百两御之。"以鹊巢作比兴，描写了女子出嫁时迎送的热烈场面，更引申出妇归夫室，合家欢乐的美满愿景。

横跨天汉的鹊桥，使得牛郎与织女一年一期的短暂相会摆脱了"神与人""时与空"的限制，是对他们勇于追求自由，对忠贞爱情与坚定信念的见证与褒扬，故而喜鹊成为七夕节日文化精神的代表符号。

（二）巧智促织

唐宋之问在《七夕诗》中提及了两种善织智巧的昆虫，一是蟋蟀（促织），一是蜘蛛（蟢子），诗云："停棱借蟋蟀，留巧付蜘蛛。"

蟋蟀又称"促织、趋织、催织、莎鸡"。晋人崔豹《古今注》曰："促织，一名投机，谓其声如急织也。"《诗义疏》注："（蟋蟀）幽州人谓之趣织，督造之言也。"蟋蟀鸣唱如织布机纺织的声音，时高时低，犹如在催促织女飞梭速织，"促织鸣，懒妇惊"，促织之名由此而来。"六月莎鸡（蟋蟀）振羽，七月在野，八月在宇，九月在户，十月蟋蟀入我床下。"《诗经·豳风》生动描述了蟋蟀作为秋虫，在不同季节的习性与特征。七月蟋蟀鸣秋，催促担负纺织使命的妇人须勤事纺织、缝纫，筹措换季衣裳，准备越秋、过冬衣衾之需。

蜘蛛古称"蟢子、嬉子"，"嬉"和"喜"音谐，有吉祥喜庆之义。汉刘歆在《西京杂记》中述："乾鹊噪而行人至，蜘蛛集而百事喜。"唐权德舆《喜征论》中亦称："嬉子垂而百事吉。"除了吉兆，蜘蛛善织网捕飞虫，又被认为是巧智的象征，如《论衡》中说："蜘蛛结丝以网飞虫，人之用计安能过之？"洪适有"蜗文寒壁篆，蛛巧暮檐丝"的诗句，苏轼亦有诗云"画檐蛛结网，银汉鹊成桥"。

《开元天宝遗事》中记载了唐宫中捉蛛乞巧的细节："帝与贵妃每至七月七日之夜，在华清宫游宴时，宫女辈陈瓜花酒馔列于庭中，求恩于牵牛织女也。又各捉蜘蛛闭于小盒中，至晓开，视蛛网稀密，以为得巧之候，密者言巧多，

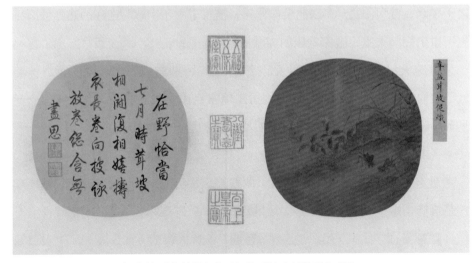

宋 牟益《茸坡促织》（台北"故宫博物院"藏）

稀者言巧少，民间亦效之。"宋孟元老《东京梦华录》亦载，北宋首都汴梁每岁七月"初六、七日夜，贵家多结彩楼于庭，谓之乞巧楼，……妇女望月穿针，或以小蜘蛛安合子内，次日看之，若网圆正，谓之得巧"。宗懔的《荆楚岁时记》亦云："陈瓜果于庭中，有喜子网于瓜上，则以为符应。"以蜘蛛结网的疏密，来占卜、预测幼女将来织技的巧拙，明清之后亦有沿袭。

在七夕传说故事，喜鹊、促织、蜘蛛等动物、昆虫的文化意象，与灿烂星河相映成趣，不仅真实反映了先民尚智、尚巧的追求，也真实折射出古代中国重农贵织的社会特点。

四、结　语

牛郎织女的传说故事体现了中国先民追求完满的生命观、爱情观与自然主义的宇宙观。织女身上，是心灵手巧、勤劳善良、专一坚贞等传统东方女性美德的集中投射。牛女传说演变所体现的民主性、道德感与诗意的审美性，形成了七夕节独有的浪漫与瑰丽。《管子·轻重甲》曰："一农不耕，民或为之饥；一女不织，民或为之寒。"脱胎于男耕女织这一农业生产结构基本模式的牛郎织女传说故事，自产生始便是中华民族农业劳动者的象征，折射出不同历史阶段的社会形态与意识，是中华文明农业文化、民族意识与民俗心理的凝聚物。

2006 年 5 月 20 日，七夕节与其他五个传统节日一同被国务院列入第一批国家级非遗名录；2008 年，牛郎织女传说成功被列入第二批国家级非遗名录；此外，甘肃西和乞巧节、浙江省温岭石塘的小人（儿）节、广州天河等区的七姐诞、湖北郧西的天河景观群以及少数民族各具特色的七夕节俗等，正不断被发掘、保护、恢复与重构。七夕节日文化深植于中华民族勇于探索、善于创造的精神沃土之中，表现的是重视自然、和睦的民族文化认同，其精神内涵与文化价值犹如浩瀚穹宇中闪耀的星群，熠熠生辉，亘古不灭。

中秋不復不得相還為即甚省如何然勝人何慶等大軍

神韻獨超天
姿特秀
張懷瓘書估

如印泥

唐倩

八月仲秋

忆对中秋丹桂丛

"佳月四时有，古来重中秋"。七月星汉迢迢，告别"双星别恨"的怅惘，随着八月十五"月满人圆"，节日团聚的意义再次被聚焦、放大与凸显。中秋又称月夕、仲秋节，时在农历八月十五，因其恰值三秋之半，故得其名，是地位仅次于春节的传统大节。中国先民感念大自然的馈赠与恩赐，在"春祈秋报"等祭祀活动中，逐步完善了仪式、规制、禁忌等，从而演化出特定的舞蹈、游艺、食品等节俗，并形成了中秋独有的祭月、拜月、玩月、守月、踏月等月崇拜信仰体系。

在历史的演进中，先民对月的认知受到宗教、风俗、伦理、学派、古代朴素科学观的影响与浸染，又受诗词歌咏等文学艺术形式的引导与扩散，月由最初的自然天体，衍化为具有深厚意蕴与内涵的中华文化符号。以月为本体的宗教、信仰、风俗、道德、艺术、科技、制度等，交织渗透，共融衍生，形成了特定的"中华月"之认知外延，演化成一种独特的中华民族情感与意志、宇宙观与人生观的感知与表达方式。

一、月之崇拜与月神谱系

（一）日月崇拜

日月崇拜，是中国先民朴素自然观的体现。《周易·系辞上》曰："悬象著明，莫大乎日月。""日者，阳之主，月者，阴之宗也。""日出于东，月出于西，阴阳长短，终始相巡，以致天下之和。"太阳与月亮这两个交替出现的天体，是世界的两极，为万物的生长以及生命意义的延续提供了可能，故而形成了先民最初的自然天体崇拜观。

随着大量考古文物的出土，我们可追寻数千年前先民曾投向那浩渺太空的视线。河南郑州大河村遗址出土的彩陶片是中国目前发现最早的天象记录，比殷商甲骨文的记载还要早 2000 年左右。陶片上描画的太阳纹、月亮纹、星

天文图像彩陶片（河南郑州大河村遗址出土）

日月山纹大口尊
（山东大汶口遗址出土）

T字形"非衣"帛画
（长沙马王堆一号汉墓出土）

座纹以及波曲纹等，已反映出先民不再满足于对自然天体简单的观察，而是尝试艺术地抽象出与自然天体共生共息的多彩世界。

山东大汶口文化陶器上所出现的太阳、云气、山峰形等刻划符号，有学者认为其已具备早期文字的要素。长沙马王堆一号汉墓出土的T字形"非衣"帛画，绘制了天界的扶桑树、9个太阳、嫦娥、新月以及象征长寿的蟾蜍、白兔等，丰富而完整的画面已能反映出汉时盛行的生命观、自然观以及成熟的日月神话体系。

相对于炽热不可接近的太阳，月辉柔和清冷，先民通过观测月之出落、月相盈亏等现象找到了规律，从而制定出与生产、生活息息相关的历法与月令。月之优雅与神秘，使得先民以更为浪漫、瑰丽的想象创造出了大量月之神话，这成为中秋节日遗产中浓重的一笔。

月之崇拜产生的根源，首先是月拥有"死而复生"的能力。屈子在《楚辞·天问》中就发出了"夜光何德，死而又育"之问。在古人看来，月之盈亏与女性生理机能有着神秘的关联，如女性的月事以及孕育过程中腹部由膨胀到平复的变化，月被赋予掌控繁殖与生命的能力。此外，月还拥有强大的修复与生长能力，如经过暴晒的农作物萎蔫，只需月夜滋生的露水便能重焕生机，同样，白日辛苦劳作后的躯体也能在一夜休憩后得以恢复。

其次是月对水的控制能力，这为农业丰产提供了充沛的灌溉。《诗经·小雅·渐渐之石》中的"月离于毕，俾滂沱矣"描绘了月与雨水的关系；《淮南子·天文训》中的"积阴之寒气为水，水气之精者为月""方诸见月，则津而为水"解释了露水的成因；《太平御览·天部》"月之精生水，是以月盛而潮涛大"，先民已认识到日月间引力形成的潮汐，对贝类丰产、海边作业采集等均会产生巨大的影响。月当之无愧成为丰饶之神的象征，因此"中秋祭天，以报丰产"，祀月以求风调雨顺，月崇拜由此而形成。

（二）月神谱系

从对月的自然崇拜，到为月创造不朽的神祇，历朝历代的社会发展动因为月神谱系的建构提供了丰富的素材。

随着嫦娥奔月神话的广为流传，嫦娥为月神的观点深入人心。《说文》云"嫦，始为姮。姮，求回也"，表示轮回、循环之意。"恒"为"姮"的俗字，意为"常也"，代表着恒久，如《诗经》所云："如月之恒"。秦简《归藏·归妹》卦辞云："昔者恒我（姮娥），窃毋死之药于西王母，服之以（奔）月。将往，救占于有黄。有黄占之曰：'吉'。翩翩归妹，独将西行，逢天晦盲，毋惊毋恐，后且大昌。恒我遂托身于月，是为蟾蜍。"这是嫦娥神话最早、最完整的记述。在东汉张衡的《灵宪》中有着相似的记述："嫦娥，羿妻也。羿请不死药于西王母，羿妻姮娥窃以奔月，托身于月，是为蟾蜍。"

这位私自窃药以求长生不死的月神，其至高无上的自然神格显然已被拟人化、世俗化，不仅要接受人世间人伦的衡量，忍受分离、孤寂的生活，甚至还被幻化为丑陋的蟾蜍形象。而到了西汉刘安的《淮南子·览冥训》中，则为嫦娥窃药增添了委由："羿请不死之药于西王母，托与姮娥。逢蒙往而窃之，窃之不成，欲加害姮娥。娥无以为计，吞不死药以升天。然不忍离羿而去，滞留月宫。"嫦娥奔月神话与后羿射日神话被巧妙地编织，合理地铺演，进而演化出一个相对完整而凄美的爱情故事。

另一位不为大众所熟识的月神，不仅产生的时代要远远早于奔月的嫦娥，其地位也更为正统，那就是"浴月"的常羲，她是孕育了十二个月亮。《山海经·大荒西经》中述："有女子方浴月。帝俊妻常羲，生月十有二，此始浴之。"她与另一位生十日的太阳母亲"羲和"同为帝俊之妻，《大荒南经》述："有女子名曰羲和，方日浴于甘渊。羲和者，帝俊之妻，生十日。"《世本·作篇》云："黄帝使羲和作占日，常仪（羲）作占月。"从占日与占月之官职，可找寻到月神神话被历史化的痕迹，也有学者认为常羲、羲和同为一神，后逐渐衍化为"常（嫦）娥"。

此外，还有月神为西王母之说。西王母的传说久远，殷墟出土的甲骨文中就有"西母"的记载。自黄帝唐虞至夏商周三代，西王母事载于古书者甚多。《山海经·西山经》云："又西三百五十里曰玉山，是西王母所居也。西王母其状如人，豹尾，虎齿，而善啸，蓬发，戴胜。是司天之厉及五残。"《吴越春秋》中记述了西郊祭祀："立东郊以祭阳，名曰东皇公，立西郊以祭阴，

汉画像石中的月神形象（河南南阳出土）

名西王母。"《穆天子传·轩辕黄帝传》中言："时有神西王母，太阴之精，天帝之女。"是为月神之证。

又及，女娲亦是月神。新疆阿斯塔那墓出土的《女娲伏羲图》绢画，蛇身交尾，尾下有月芽和环绕的二十二颗星宿象征月及后代，月暗喻为人类始祖。此外，月神还有御月的"望舒""纤阿"。《楚辞·离骚》有句云："前望舒使先驱兮，后飞廉使奔属。"王逸注曰："望舒，月御也。"洪兴祖补注引《淮南子》云："月御曰望舒，亦曰纤阿。"这里的"阿"上古读音与"娥"同，"纤阿"速读与"嫦娥"相近，均存在着承前启后的演变关系。

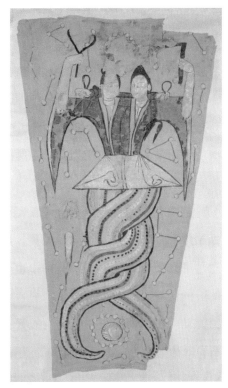

唐 《女娲伏羲图》绢画（故宫博物院藏）

（三）月宫灵物

从月神被赋予人格之后，月宫也顺理成章地成为月神的住所。月宫也称"蟾宫"，"广寒宫"，段成式在《酉阳杂俎·天咫》中述："旧言月中有桂，有蟾蜍。宫前桂树，高五百丈……月规半天，琼楼玉阙满焉。"由于道教、佛教的介入，嫦娥的避难之所从孤寒之地变成了琼楼玉宇的仙境，被塑造成皇宫殿宇形制的月宫，一方面给予世人难以企及的清冷与遥远仙境之感，另一方面又因嫦娥独自飞升月宫，而成为严寒的禁锢之地。人们对月宫好奇的窥探以及人神之间开启交流的故事，最著名的典故便是"明皇游月宫"。

唐代柳宗元的《龙城录》曾记下了这个故事：开元六年（公元718年）的八月十五，唐明皇与申天师及道士"云上游月，过一大门，在月光中飞浮，宫殿往来无定，寒气逼人，露濡衣袖皆湿。顷见一大宫府，榜曰'广寒清虚之府'，其守门兵卫甚严，白刃粲然，望之如凝雪"，明皇又见"有素娥十余人，皆皓衣乘白鸾，往来笑舞于广陵大桂树之下"，又听"乐音嘈杂亦甚清丽"，便默记下素娥风中舞袖的音律，制成"霓裳羽衣舞曲"。卢肇《逸史》中亦有描述，云："罗公远中秋侍明皇宫中玩月，以拄杖向空掷之，化为银桥，与帝升桥，寒气侵人，遂至月宫。女仙数百，素练霓衣，舞于广庭。上问曲名，曰霓裳羽衣。上记其音，归作霓裳羽衣曲。"从此，《霓裳羽衣曲》"自古洎今，清丽无复加于是矣。"

"白兔捣药秋复春，嫦娥孤栖与谁邻"。为了月宫生活不再沉寂，与嫦娥相伴的灵物不仅有蟾蜍、玉兔，还有谪仙吴刚。汉刘向《五经通义》中述"月中有兔与蟾蜍"，乐府诗中也有"采取神药若木端，白兔长跪捣药虾蟆丸"的诗句。《太平御览》云："蟾蜍，月精也。"古人认为蟾蜍是造成月蚀的动物。《淮南子·精神训》云："日中有踆乌，月中有蟾蜍。日月失其行，薄蚀无光。"《说林训》亦云："月照天下，蚀于詹诸。"而捣药的月兔，更早出现在西王母神话中，月兔在西王母身侧捣制长生不老神药。《楚辞·天

元 佚名 《广寒宫图轴》局部（上海博物馆藏）

唐 月宫菱花镜（上海博物馆藏）

问》："厥利维何，而顾菟在腹。"王逸注："言月中有菟，何所贪利，居月之腹，而顾望乎？"这里的"菟"与"兔"同。《灵宪》："月者，阴精之宗，积而成兽，象兔。"

　　至于月中为何有蟾蜍与兔，众说纷纭。《五经通义》中的解释："月中有兔与蟾蜍何？月，阴也，蟾蜍，阳也，而与兔并，明阴系阳也。"也有学者认为，无论是嫦娥，还是蟾蜍、玉兔，均是循着"常娥"一名转相衍生。至于那位"学仙有过"的吴刚，《酉阳杂俎》介绍道："月桂高五百丈，下有一人，常斫之，树创随合。人姓吴，名刚，西河人，学仙有过，谪令伐树。"

吴刚斫一棵"树创随合"的桂树，也是道教观念的投射，与月神永恒、长生、往复的特质高度契合。

纵观月神神话的历史积累与谱系构成，可见先民对月的认知，经历了从不死神邸、生殖象征的神化阶段（自然形态），向品德高洁、蕴含情思的拟人阶段（审美形态）的转变，反映出古代劳动人民想象力与创造力的高度。此后，从月崇拜中演化出中秋节日的祭月、拜月、赏月、玩月等节俗活动，寄予了"花好月圆""人寿年丰"的美好愿景。

二、拜月之俗与赏月之韵

"中秋"一词始见于汉代文献，但此时还不用于指代节日。仲秋之季是农事生产活动的重要时间节点，多举行盛大的祭祀活动以祈求足年丰产。《周礼》中记载了先秦时期的"中秋夜迎寒""中秋献良裘""秋分夕月（拜月）"等一系列仪式活动。秦汉时期，祭月是皇家重要的礼仪。《礼记》记述"天子春朝日，秋暮夕月"，"祭日于坛，祭月于坎"。《祭法》云："王宫，祭日也，夜明，祭月也。"

"夕月礼"是与春分祭日相对的祀礼，古承袭周制。《礼仪志》中记："开皇初，于国西开远门外为坎，深三尺，广四丈。为坛于坎中，高一尺，广四尺，每以秋分夕月。"《管子》中亦述："秋至而禾熟。天子祀于太惢，服白而絻白，捃玉总，带锡监，吹埙箎之风，凿动金石之音，朝诸侯卿大夫列士，循于百姓，号曰祭月。"皇家的夕月之仪与祭月礼制，从天子到诸臣，都身着白色衣冠，佩饰白玉和青铜镜，并奏专门的礼乐进行祀礼。

虽然普通民众无权祭祀月亮，月亮对于普通民众来说神圣而神秘，但是随着天文知识的增长与时代文化的进步，官方不再严格控制民间对月亮的祭祀与赏玩，皇家祀月的权威逐渐消解，祭月、赏月等活动逐渐融入普通群众的生活之中。至唐代，八月十五虽尚未被正式命名为"中秋节"，但已是具有区别意义的"月夕"之日。人们逐渐形成在八月十五满月之日赏月、玩月的习俗，庄严的祭月典礼逐渐增添了娱乐色彩，世俗化为具有娱乐性质的民俗活动，古老的月神崇拜开始向中秋节转化。

唐时气象盛大，崇尚自由开放且精神浪漫，随着天体知识的增多，唐人更多将对月的关注转向对月文学与月精神的探究。中秋玩月的虚空之境、月宫神仙的不老传说，无不体现出唐代奉行道教思想"个体的自然存在和精神自由"的融合。欧阳詹在长安永崇里华阳观写下《玩月》诗序，其中道出中秋月之精妙："月之为玩，冬则繁霜太寒，夏则蒸云太热……八月之于秋，季始孟终。十五于夜，又月之中。稽于天道，则寒暑均；取于月数，则蟾兔圆。况埃尘不流，太空悠悠。婵娟徘徊，桂花上浮，升东林，入西楼。肌骨与之疏凉，神魂与之清冷。"

唐时文化交融、经济繁荣，加之玩月风气盛行，对"夕月"的赞美、吟诵成为唐代诗人交游集会的主题。《全唐诗》中咏中秋之月的诗竟达178首之多。唐代的中秋诗不仅仅是对中秋时令和节俗的单纯描摹，更是饱含着唐人特有的精神与理想寄托，触动着诗人敏感而纤细的神经。可以说，唐代的中秋诗浓缩了良辰佳期的欢歌笑语，聚焦了唐代社会的风云变幻，同时更囊括了个体命运的悲欢离合。如"万顷湖平长似镜，四时月好最宜秋"，"三五夜中新月色，二千里外故人心"，"西北望乡何处是，东南见月几回圆"，"海上生明月，天涯共此时。情人怨遥夜，竟夕起相思"。

宋代是中秋节法定化、节俗固化的重要时期。皇家礼仪式的祭月行为淡化，文人士大夫玩月宴饮之风也逐渐渗透到普通市民阶层之中，转为大众化、民间化的民俗活动。宋孟元老在《东京梦华录》中记述了都城中秋夜的繁暄："贵家结饰台榭，民间争占酒楼玩月……弦重鼎沸，近内延居民，深夜逢闻笙芋之声，宛如云外。连宵婚戏，夜市骈阗，至于通晓。"即使是陋巷贫窭之人，也会穷其所有，解衣市酒，勉强迎欢，不肯虚度。此夜"天街卖买，直到五鼓，玩月游人，婆娑于市，至晚不绝。盖金吾不禁故也"。

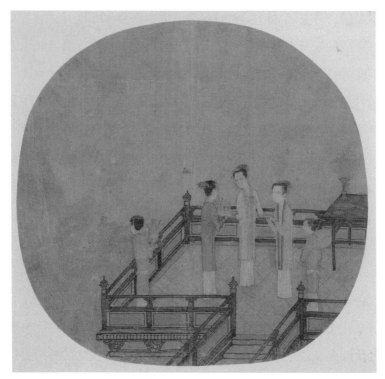

北宋 《瑶台步月图》 （故宫博物院藏）

　　吴自牧的《梦粱录》中描写的八月十五日中秋节，此夜月色要比常时加倍的明亮。月夕之夜，王孙公子，富家巨室，莫不登危楼，临轩玩月。他们或开广榭，玳筵罗列，在筵席上弹奏琴瑟，酌酒高歌，以卜竟夕之欢。而商家，如铺席之家，则会登上小小的月台，安排家宴，与子女团聚，以酬佳节。值得注意的是"安排家宴，团圆子女"，这证实了中秋节在宋代就已经具有了团圆的含义。

　　宋代中秋的节日风物也极为丰富：一是要装饰门面，如"中秋节前，诸店皆卖新酒，重新结络门面彩楼花头，画竿醉仙锦旆"；二是市人争饮，"至午未间，家家无酒，拽下望子"；三是当令时物，"是时螃蟹新出，石榴、漓勃、梨、枣、栗、孛萄、弄色枨橘，皆新上市"。到了南宋宋宁宗时期，皇家颁布假宁令，官员中秋休假一天，中秋节至此被真正列入国家法定岁时节日之中。

　　"郁郁乎文哉！"宋词中的中秋佳节，因节俗的定型、丰富，呈现出更为雅妍多姿的样态，充分体现宋代"沉静典雅、平淡含蓄、心物合一"的美学风范。就算是无月之月夕，也能在诗人的笔下显得格外有情致，且把酒樽斟满，在低吟浅唱中，从容不迫地度过。如辛弃疾的《一剪梅·中秋无月》："忆对中秋丹桂丛。花在杯中。月在杯中。今宵楼上一尊同。云湿纱窗。雨湿纱窗。浑欲乘风问化工。路也难通。信也难通。满堂唯有烛花红。杯且从容。歌且从容。"

　　明清时期，中秋节已经成为中国仅次于春节的传统大节日之一。"月圆人亦圆"的节日内涵中，儒家孝亲人伦色彩更加浓厚，加上功利性的拜祭、祈求与世俗性的情感、愿望，构成了更加世俗化的中秋节俗的主要形态。男子祈求"早步蟾宫，高攀仙桂"，女子"愿貌似嫦娥，圆如洁月"，焚香拜月，各有所期。明代田汝成在《西湖游览志余·熙朝乐事》中描写道："中秋，

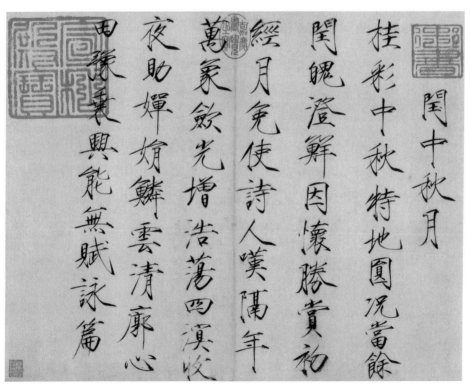

北宋 赵佶 《闰中秋月》局部（故宫博物院藏）

八月仲秋：忆对中秋丹桂丛

民间木版年画《广寒宫太阴皇后星君》　　　民间木版年画《月宫全图》

民间以月饼相遗，取团圆之义。是夕，人家有赏月之宴，或携醯湖船，沿游彻晓。苏堤之上，联袂踏歌，无异白昼。"刘侗在《帝京景物略》中记："八月十五祭月，其祭果饼必圆；分瓜必牙错瓣刻之，如莲花。纸肆市月光纸，绘满月像，跌坐莲花者，月光遍照菩萨也……家设月光位于月所出方，向月而拜，则焚月光纸，撤所供，散之家人必遍……女归宁，是日必返其夫家，曰团圆节也。"

三、结　语

中秋望月、拜月、咏月、玩月，是古人透过月象而折射出的对宇宙、人生哲理的思考方式，寄托了中国人的胸怀气质与审美志趣。从华夏上古先民的"举头问月"，到如今中国的"探月工程"，随着"嫦娥一号"到"嫦娥五号"的不断升空，"飞天揽月"的梦想正在实现。逐月精神更内化为民族精神，成为中国人亘古寰宇永不停歇的探索象征。

2006年5月，国务院将中秋节列入首批国家级非遗名录，2008年中秋节被列为国家法定节假日。通过对一系列与月亮崇拜相关的神话、诗歌、仪典、舞蹈、食物、节俗等文化符号的建构，中国人"和谐、团圆、美满"的生活理想以及审美追求得以传递。随着文化、经济、科技、教育等的长足进步与发展，我们相信中秋节日文化精神可通过广泛的社会传播以及代际传承而被更好地赓续。

在国际舞台上，中国中秋节日的文化符号也成为民心相通、文化交融的典范。如韩国中秋节的祭祖扫墓、家庭团聚、在月下表演的"羌羌水月来"集体舞蹈，都与中国古老的"月下踏歌"有着源流关系；在日本，中秋节被称为"十五夜"或"中秋名月"，赏月习俗在日语中是叫"月见"，赏月时吃的江米团子，称为"月见团子"；越南的中秋节还是儿童的节日，各地会举行花灯节会；泰国把中秋节唤作"祈月节"；缅甸人在八月月圆日要大张灯火，以庆祝"光明节"的来临。此外，中秋节在印度叫"明月节"，在尼泊尔为"德赛节"，在印尼为"大月节"，在老挝为"月福节"等。虽然节日的名目各异，但"祭月、祈月、赏月、团聚"的习俗成为月辉洒向之处共享的节日文化符号。

"吾心自有光明月，千古团圆永无缺。山河大地拥清辉，赏心何必中秋节"，阳明先生的诗句道出了"内心有明月"的大气笃定与超越世事。月的盈亏变化成为古人在亘古时空中"动观与静观"的思辨。万古长空，明月见证永恒，万物也见证着月之阴晴圆缺，月跨越了时空，以自然之境化人生之忧。通过月之无限循环发展这一永恒属性，我们对历史的体察，我们的人生感悟，都得到提升，人类生命的意义更为升华。"万里无云镜九州，最团圆夜是中秋"，华夏大地上中秋节在继续生发衍化，并呈现多民族共庆的多姿多彩样态。

九月重阳

载花乘酒上高山

"看了十分秋月，重阳更插黄花"。农历九月初九，二九相重，故称"重九"，因"九"为至阳之数，故又称"重阳"。《易经》中的"一、三、五、七、九"，五个奇数代表阳，阳代表生命力，最大的阳数是"九"，所以以"九"称"阳爻"。东汉王逸《楚辞·九辩》云："九者，阳之数。"唐五臣注云："九者，阳数之极。"《素问》亦云："天地之至数，始于一，终于九焉。"民间认为"九九"音谐"久久"，有久长之意，故多于此日推行祭祖、祈寿与敬老等活动。重阳节的庆贺并不单限于九月九日，可始于九月八日，九月十日更被称作"小重阳"。重阳日有登高、插菊、品糕、宴饮、归宁等丰富的节俗，故又被称作"登高节、菊花节、茱萸节、女儿节"等。

一、重阳节塑形的历史流变

（一）季秋丰收祭祀

秋祭，始于上古时期，于季秋以五谷和牺牲举行祭天、祭祖仪式，以谢天帝、祖先恩德，被认为是重阳节的原始形式。其实在甲骨卜辞中就已出现"戊贞，其告秋□于高祖夔"的记述，大意是此时庄稼已经成熟，"告秋"是求神明在收割之际给予佑助，保证最终能获得丰收，也有可能是在收成后禀告神明，以示不忘神明恩泽之意。《礼记》"孟秋之月……农乃登谷，天子尝新，先荐寝庙"，说明了"秋祭"作为国家律令的价值取向。《吕氏春秋》中也记载有"（九月）是月也，大飨帝，尝，牺牲，告备于天子"之句，对先秦时期天子亲率臣民于九月以牺牲祀天地作了描述。至今，我国仍有众多地区将重阳称为"秋节"。

有关"重阳"的最早记述见于先秦时期的文献，但那时尚未明确指向节日。屈子《楚辞·远游》："集重阳入帝宫兮，造旬始而观清都。"这里的"重阳"，指的是进入"帝宫"时需要积集"九重阳气"。南朝梁萧统《文选》云"重阳积清气"又"集重阳之清澄"，注曰："上为阳，清又为阳，故曰重阳。""积阳为天，天有九重，故曰重阳。"先秦之"重阳"虽未指称节日，但此中所包含的仙家意蕴与重阳求寿、祈吉的节日内涵有重叠之处。

汉魏时期，九月节已成为嘉会，不仅以五谷牺牲敬天祭祖，还有登高、享宴、射礼、敬老等一系列礼仪活动。魏文帝曹丕在《九日与钟繇书》中描述道："岁往月来，忽复九月九日。九为阳数，而日月并应，俗嘉其名，意为宜于长久，故以享宴高会。"晋葛洪《西京杂记》记载，汉武帝宫人贾佩兰尝言："九月九日佩茱萸，食蓬饵，饮菊花酒，云令人长寿。相传自古，莫知其由。"晋周处《风土记》亦云："九月九日，律中无射，而数九，俗尚此日折茱萸以插头，云避除恶气，而御初寒。"又云："汉俗九月九日饮菊花酒以祓除不祥。"

春祭涉水，秋祭登山，九月九重阳与三月三上巳所形成的"祓楔"似乎存在着对应关系。随着神秘观念、仪式、传说与古老风俗的传入，上古九月丰年祭向九月九重阳节逐渐转化，重阳节俗在历史演进中不断定型、固化与丰盈。

九月重阳：载花乘酒上高山

清 《十二月令 九月》（台北 "故宫博物院" 藏）

（二）登高避灾祈寿

纵观中国古代节日的起源，多与祛魅、禳灾有着特定关联，盖因先民认知水平有限，在恶劣的自然环境和灾变面前，他们只能通过宗教与巫术的手段达成驱灾避难、迎祥祈吉之目的。受"物不可极，极则反"的灾异论观点影响，九月初九俗称"重九"，"九"为阳数之极，那么"重九"更是"阳数聚积，邪气深重"，会带来灾异，那么处于灾月的重阳节，出现种种由"秋被"衍生出的避邪、祈祥之俗，也似乎十分合理。

重阳的登高习俗源于山岳崇拜。古人一是认为登高可以避厄，二是认为登高可以祈寿。重阳日，地气上升，天气下降，在清气上扬、浊气下沉的过程中，为了避免接触到浊气，就应登临高处，并接受清气的浸润，登高具有净化的作用。在道教观念中，九月九日是登天成仙之日，地势越高，清气聚集得越多，登临高处就更易于"乘清气而升天"。道教尊奉的真武大帝就是在九月初九之日得道飞升的，民间亦流传有黄帝于九月九日登遐升天之说。

在中国传统文化观念中，高山大川是永恒存在的生命意象，是普通人与长生不死之神实现往来，并达到长寿或永生的相通媒介。《淮南子·地形训》中载："昆仑之丘，或上倍之，是谓凉风之山，登之不死。或上倍之，是谓悬圃，登之乃灵，能使风雨。或上倍之，乃维上天，登之乃神，是谓太帝之居。"传说昆仑有三层，第一层叫凉风之山，凡人登上此处，就可以长生不死；第二层叫悬圃，人登上此处，可以获得呼风唤雨的力量；第三层就是天庭，到达这里就可以面见天帝。古人认为昆仑山乃仙人之地，是神仙天帝的居住地，只要登临凉风之山，便可以达成祈寿延年之目的。

"山中方一日，世上已一年。仙家天地阔，壶中日月长"，诗句之典说的是东汉方士费长房悬壶济世的传说。这位跟随费长房学习法术的汝南桓景，为重阳"登高避祸"增添了神奇的道教仙术色彩。梁人吴均于《续齐谐记》中说道："汝南桓景随费长房游学累年，长房谓曰：'九月九日，汝家中当有灾。宜急去，令家人各作绛囊，盛茱萸，以系臂，登高饮菊花酒，此祸可除。'

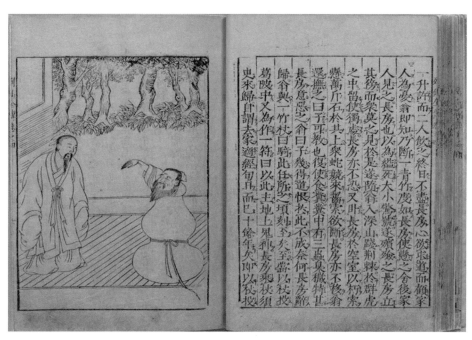

《有象列仙全传·费长房》（明王世贞辑次，明万历汪云鹏校刊本）

景如言，齐家登山。夕还，见鸡犬牛羊一时暴死。长房闻之曰：'此可代也。'"其中，系香囊、戴茱萸、登高饮菊，均成为避祸的手段。敦煌文书《郑余庆书仪》中也有相似的民间传说："九月九日，昔费长房携酒将家口鸡犬登高山避火灾，佩茱萸，饮菊花酒以口口□也。至晚还家，屋宅悉被火烧尽也。"

虽然故事中的细节略微有异，但重阳登高之举中的禳灾意识是相通的。除了祛厄的民俗心理，气候意义上的九月佳节也正是秋高气爽、景色宜人的时令，适宜扶老携幼登高望远，既有益于身心康健，又能延年益寿。

（三）郊游宴饮畅志

先秦两汉时期的重阳习俗，目的在于辟邪避灾，攘除不祥，维持生存本能，尚存有较强的原始巫术性质。到了魏晋之后，则添加了世俗化的娱乐性质，重阳节成为全民庆贺的节日。梁简文帝在《九日赋韵》中描写了重阳节宫廷夜宴时，歌舞升平、众乐融融的场景："是节协阳数，高秋气已精。櫩芝逐月启，帷风依夜清。远烛承歌黛，斜桥闻履声。梁尘下未息，共爱赏心并。"

"汉重上巳，晋纪重阳"。值得注意的是，随着文人士族集团雅会活动的介入，重阳节俗趋向文学化、审美化、高雅化。重阳日，士人们相伴登高，杯酒相酬，赋诗唱和，清言玄谈，以其独有的情趣与智慧，获取了重阳秋节的体感与享受。登高远足迎合了文人士族吟咏山林的喜好，宴饮集会又给予其各呈才藻、竞展风华的机会，而赏菊饮酒更为其境遇情怀提供了宣泄路径。重阳节，引发了士人们对人生与境遇的思考，成为继上巳节之后又一深受士人欢迎的节日。

唐德宗朝正式将重阳节列为国家法定节日，重阳节成为唐朝重要的"三令节"之一。在那天，官员休沐，君民同欢。唐代经济的发展与社会文化的进步，极大地促进了重阳节的发展与繁荣，更推动了重阳节俗的多样化。

游宴，是唐代重阳节的一项重要内容，有皇帝赐宴、官员游宴和亲友野宴等多种形式。官员游宴不仅可获得时间与金钱上的资助，还能得到皇帝亲笔赐诗、赐茱萸等，君臣同庆，可见其时对重阳节之重视。唐人欧阳詹在《送盐山林少府之任序》中提及唐代三个重要的节日分别是上巳节、中和节和重阳节："有唐今上御宇之九年，年定三节：一以二月一日之中和，终取九月九日之重阳，次取此日（三月三）之禊饮。赐群臣大宴，登高临流，与时所宜。洎四方有土之君，亦得自宴其僚属。"

各种来自统治阶层物质与精神的鼓励，使得重阳游宴风气从都城蔓延到地方。南朝梁宗懔《荆楚岁时记》述："九月九日，四民并籍野饮宴。"意思是重九日家族亲友集体出游，于山野里铺草为席聚饮，人群规模颇为壮观。唐孙思邈在《千金月令》中亦云："重阳之日，必以肴酒登高眺远，为时宴之游赏，以畅秋志。"在众多的重阳诗中也可一窥民众郊外"辞青"宴饮畅志的风尚。如杜牧在《九日齐山登高》中所写"江涵秋影雁初飞，与客携壶上翠微。尘世难逢开口笑，菊花须插满头归"，王维也留下了"独在异乡为异客，每逢佳节倍思亲。遥知兄弟登高处，遍插茱萸少一人"的名篇。

重阳节又称"落帽节"，源自"孟嘉落帽"之典，这一典故为重阳平添

清《十二月令 九月》登高宴饮局部（台北"故宫博物院"藏）

了几分魏晋风度。《晋书》卷九十八《桓温列传·孟嘉》："（孟嘉）后为征西桓温参军，温甚重之。九月九日，温燕龙山，僚佐毕集。时佐吏并着戎服，有风至，吹嘉帽堕落，嘉不之觉。温使左右勿言，欲观其举止。嘉良久如厕，温令取还之，命孙盛作文嘲嘉，着嘉坐处。嘉还见，即答之，其文甚美，四座嗟叹。"故事说的是桓温照例率领幕僚到龙山登高，饮酒、赏菊、吃九黄饼，他的参军孟嘉也在其中。席间一阵山风吹过来，吹落了孟嘉头上戴的帽子，他却浑然不知，依然风度翩翩。桓温凑趣，命孙盛作文戏弄孟嘉，谁知孟嘉不假思索，即席对答，出口成章，在座的人无不惊佩其才思敏捷、气质不凡。于是，孟嘉被视为气度宽宏、风流倜傥、潇洒儒雅之士。

"孟嘉落帽"，亦称"龙山落帽"的典故成为一时佳话，历代文人墨客到江陵，无不赋诗歌咏，以示倾慕。李白在《九日龙山饮》中写道："九日龙山饮，黄花笑逐臣，醉看风落帽，舞爱有留人。"孟浩然的《九日》诗："九日未成句，重阳即此晨。登高寻故事，载酒访幽人。落帽恣欢饮，授衣同试新。茱萸正可佩，折取寄情亲。"还有杨万里在重阳节游落帽台后，留下了"贵重近臣光绮席，笑谈重事落乌纱"之句，以及独孤及的《九月九日李苏州东楼宴》"风前孟嘉帽，月下庾公楼。"

二、重阳节植物的多重文化意象

（一）簪菊花

宋代重阳节沿袭了历朝登高望远、宴饮交游、互赠诗文的习俗，赏菊、啖菊、簪菊等更成为宋时重阳的一道风景。苏东坡有"菊花开时即重九"之句，九月花盟主菊花，雅称"延寿客"，是"服之者长寿，食之者通神"的仙草。曹丕在《九日与钟繇书》中述："忽复九月九日……以为宜于长久……思食秋菊之落英，福体延年，莫斯之贵，谨奉一束，以助彭祖之术。"更不乏服食菊花成仙者，如"康风子乃以食菊仙""朱孺子入玉笋山食菊花，白日乘云而去"等仙话。

　　啖菊花可祛疾、益寿、通神,甚至连菊泉也有如此神力。晋葛洪《抱朴子·内篇》载:"南阳郦县山中有甘谷水。谷水所以甘者,谷上左右皆生甘菊。菊花堕其中。历世弥久,故水味为变,其临此谷中居民皆不穿井,悉食甘谷水。食者少不老寿,高者百四五十岁,下者不失八九十,无夭年人,得此菊力也。"《后汉书·郡国志》注引《荆州记》:"南阳郦县北八里有菊水,其源旁悉芳菊,水极甘馨。又中有三十家,不复穿井,仰饮此水,上寿百二十三十,中寿百馀,七十者犹以为夭。汉司王畅、太傅袁隗为南阳令,县月送三十馀石,饮食澡浴悉用之。太尉胡广父患风羸,南阳恒汲饮此水,疾遂瘳。"菊泉里的神水不仅可益寿延年,还可疗疾,颇为灵验。

　　"飧落英者养其生,饮滋液者却其老",以菊入酒与饮菊之甘露有异曲同工之效。汉刘歆《西京杂记》中载:"菊花舒时,并采茎叶,杂米酿之,

明 陈洪绶 《蕉林酌酒图》局部(天津博物馆藏)

明 丁云鹏《漉酒图》局部（上海博物馆藏）

至来年九月九日始熟，就饮酒，故谓之菊花酒。"宋吴自牧在《梦粱录》中也记述道："今世之以菊花茱萸浮于酒饮之，盖茱萸名辟邪翁，菊花为延寿客，故假此两物服之，以消阳九之厄。"《东京梦华录》中记载了宋代重阳节的开封府，"酒家皆以菊花缚成洞户"。

宋人风行啜菊，不仅是出于养生的目的，更沿袭了自魏晋以来对菊之"花之隐逸者"坚贞品行的尊崇，正所谓"酒能祛百虑，菊解制颓龄"。从"啜菊、啖菊"中，"淡泊以明志"的传统，可上溯至屈原《离骚》的"朝饮木兰之坠露，

清 陈枚 《月曼清游图》九月重阳赏菊局部（故宫博物院藏）

夕餐秋菊之落英"。晋陶元亮在《九日闲居》诗序中也表明了自己的闲居生活实则是"远遗世情": "余闲居,爱重九之名。秋菊盈园,而持醪靡由,空服九华,寄怀于言。"更在《秋菊有佳色》中坦言: "秋菊有佳色,裛露掇其英。泛此忘忧物,远我遗世情。一觞虽独进,杯尽壶自倾。"当他解下头巾以过滤米酒的那一刻,亦折服后世数代文人,他们纷纷效仿,但那份"超旷虚灵"与"静穆澹远",又如何模仿!

除了饮食菊花,赏菊、供菊、簪菊使得宋代的重阳节更具雅致的趣味与别样的风情。宋人爱种植菊花,刘蒙编撰的《菊谱》一书共载有 35 个珍稀菊花品种,《菊谱》是中国第一部乃至世界第一部系统研究菊艺的专著。《东京梦华录·重阳》就列举了京都的一些菊花名品: "九月重阳,都下赏菊有数种,其黄、白色蕊若莲芳,曰万铃菊,粉红色曰桃花菊,白而檀心曰木香菊,黄色而圆者曰金铃菊,洁白而大者曰喜容菊。无处无之。""满城尽带黄金甲"是对宋代重阳时菊花绽放盛况的形象描述。

簪戴菊花的风俗兴自魏晋,延至唐宋。清《渊鉴类函》引《史正志叙》曰: "九月宫掖间,争插菊花,民俗尤甚。杜牧诗曰:'黄花插满头'。"宋《乾淳岁时记》亦云: "是日(重阳),饮新酒,泛萸簪菊。"宋宫宴赏菊灯、赐花簪戴,在《武林旧事》中就有记载: "禁中例于八日作重九排当,于庆端殿分列万菊,灿然眩眼,且点菊灯,略如元夕。"《宋史·礼志》中记述了重阳宴赐花的具体仪节: "酒行,乐坐;饮讫、食毕,乐止。酒五行,预宴官并兴就次,赐花有差。少巧,与宴官诣望阙位立,谢花,再拜讫,复升就坐。"

(二)佩茱萸

茱萸又名越椒、艾子等,有"避邪翁""耐老郎"之美誉。早在战国时屈原的《离骚》中,就有"椒(即茱萸)又欲充夫佩帏"的诗句。因茱萸气味芬芳,色彩艳丽,古人早已懂得取用茱萸来烹调各类食物,如北魏《齐民要术》中载: "(食茱萸)用时去中黑子,肉酱鱼鲊偏宜用。"

　　然而作为重阳重要的仪式物，佩戴茱萸更多地被赋予了辟邪、祈寿的功效。晋周处《风土记》中记载："俗尚九月九日，谓之上九茱萸，到此日气烈熟，色赤，可折以插头，辟恶气，御冬。"清陈淏子《花镜》亦述："井侧河边，宜种此树（茱萸），叶落其中，人饮是水，永无瘟疫。悬子于屋，能避鬼魅。九月九日，折茱萸戴首，可避恶气，除鬼魅。"

　　茱萸分为不同的种类，有食茱萸、吴茱萸、山茱萸、草茱萸等多个品种，重阳节佩戴的是有药用价值的吴茱萸。重阳茱萸有三种使用方式：一是缝做

西汉 茱萸纹绣绢残片（湖南省博物馆藏）

香囊，用红色布袋盛茱萸多颗，以双数为宜，最低四颗，最好八颗，佩戴于手臂，男左女右；二是将茱萸枝固定在发簪、徽章、挂件等处，然后佩戴；三是插在居住环境中的任何地方，与端午插艾叶有相似之处，有辟邪之意。

汉代重阳节多将茱萸切碎，装在香袋里佩带，晋以后改将茱萸插于头上，而到了北宋则保留了头插茱萸之俗，但也出现了打破传统模式的创新。《岁时广记》记载，东京城里的女性"剪彩缯，为茱萸、菊、木芙蓉花，以相送遗"，意思是宋女子已不再从田野里采摘新鲜的茱萸，而是将丝帛剪裁成茱萸状来互相赠送，佩于发梢。宋人谢逸《点绛唇》词云："醉绣看茱萸，定是明年健。"说的就是茱萸作为吉祥物已被普遍用作装饰纹样，如刺绣中的"茱萸绣"、锦缎中的"茱萸锦"等。

三、重阳食娱与敦亲睦邻

唐宋之后，重阳节俗倾向世俗化、娱乐化。至明清两朝，基于血缘、地缘、姻缘和业缘的节日互动更为凸显，重阳"敦亲睦邻"与"和谐社会"的民俗调节功能成为重要的节日内涵。

重阳糕是重阳节相互赠遗的代表性节令食品。早期的重阳糕称"饵"，以黍米或秫米制成。北齐《玉烛宝典》曰："食饵者，其时黍秫并收，以因黏米嘉味，触类尝新，遂成积习。"先秦出现的"蓬饵"可谓是重阳糕的雏形。"蓬"为蓬子，蒿类植物，"蓬饵"为"内有草菜之糕类食品也"。民间素称"蓬"有"御灾乱"的作用，《礼记·内则》云："射人以桑弧蓬矢六，射天地四方。"意思是古代男子出生后，礼官需用桑木做的弓和六支蓬草做的箭，射向天、地、四方，以示其志向远大。孔颖达注疏："蓬是御乱之草。"重阳节食蓬饵带有辟邪的用意，《西京杂记》中亦有"食蓬饵以祓妖邪"的说法。

到了宋代，重阳食糕意取"吉祥如意，万事皆高"，重阳糕极尽雕琢粉饰之能事，不但用料繁多，造型也极为考究。北宋吕原明《岁时杂记》曰："二社、重阳尚粒，而重阳为盛。大率以枣为之，或加以栗，亦有用肉者。"吴自牧《梦梁录·九月》述："此日都人店肆以糖面蒸糕，上以猪羊肉、鸭子为丝簇钉，插小彩旗，名曰重阳糕。禁中阁下为贵家为馈送。"周密《乾淳岁时记·重九》中记："都人是日饮新酒，泛萸簪菊，且各以菊糕为馈。以糖、肉、秫面、杂物为之，上缕肉、丝鸭、饼，缀以榴颗，标以彩旗，又作蛮王狮子于上。"

重阳糕上所插的五色小旗称重阳旗，是用红、黄、绿三种颜色纸剪成的小三角纸，粘贴在一根细竹篾上，插进糕内作装饰。卖糕时，总是以三为基数，三块一叠起价，为"三三得九"取"三阳开泰""进九长久"之吉兆。进食重阳糕的祝颂之仪，明高濂在《遵生八笺》这样描写道："九日天明时，以片糕搭儿女头额，更祝曰：'愿儿百事俱高。'作三声。"除此之外，重阳时各地还有尝秋、赛马、射猎、放鸢、归宁等诸多习俗，均饱含着社会、家庭成员之间的情感凝聚力。重阳节成为维系社会良好关系的重要纽带。

四、结　语

"昨日登高罢，今朝又举觞"。"九九重阳"是一个以探求生命本真与归宿为基本内涵的民间节庆，在历史漫长的发展演进中，从秋收祭祖、登高祈寿、佩戴茱萸、观赏菊花、郊游宴饮、友邻互赠等传统习俗，再到逐渐与中国孝道伦理相融合，充分展现了和睦友邻、敦亲敬老的传统美德与节日内涵。由此可见重阳节不仅是律令国家时间生活的重要标记，更是国家文化礼仪的重要组成部分，对国民生活、家庭关系与社会结构发展影响深远。

1989 年中国政府将每年九月九日定为"老人节"，将传统孝亲敬老与现代和谐社会关系建构相结合，使得这一传统佳节成为尊老、敬老、爱老、助老的新型节日。2006 年重阳节入选第一批国家级非遗名录。2012 年 12 月，中国全国人大常委会表决通过新修改的《老年人权益保障法》，并于 2013 年正式将重阳节以法律的形式确定为中国"老年节"，其目的是在新时期全面倡导全社会关心老年人，让爱老、助老成为全社会的共同责任，营造安定和谐的社会局面。在快速步入老龄化社会的转型时期，重阳节尊老、敬老的传统如何以新风尚、新形式得到延续、弘扬与发展，值得更广泛的探讨。

九月重阳：载花乘酒上高山

十月朔望

酬年问暖寄故思

十月朔望：酬年问暖寄故思

"九月肃霜，十月涤场"。从农历九月转入十月，冬寒乍起，农事暂停，万具收藏。民众开始为庆贺丰年做准备，以丰饶的物产礼敬天神、祈请祖灵，期冀平安度冬，并为来年的好收成做准备，这些成为十月节的重要内容。孟冬月，节日分立，按照时间序列，不仅有"十月朝""十月朔（初一）""十月望（十五）"，而且还有各种称法如"授衣节""寒衣节""开炉节""立冬节""下元节"等，它们共同构成了十月节异常丰富的习俗体系。与其他月份不同，十月节集中了一系列二元对立的概念，审视了人生仪轨的若干关键问题——寒与暖、旧与新、悲与喜、生与死、终与启，在一个临界点向另一个临界点的转折过渡中，集中放大了聚散离合的世间百态。

一、十月朝与岁首授衣

（一）十月岁首与民腊

古人将黄帝历、颛顼历、夏历、殷历、周历及鲁历合称为"古六历"。因岁首不同，施行地区有别，后又合并为四历，即夏历、殷历、周历和颛顼历。夏历，以冬至所在的建寅之月为岁首（即后世俗称的阴历正月）；殷历，以建丑之月为岁首（相当于夏历的十二月）；周历，以建子之月为岁首（相当于夏历的十一月）；而秦朝以建亥之月为新年之始（相当于夏历十月），故十月岁首又被称为"十月朝""十月朔"或"秦岁首"。

| 甲骨文 | 金文 | 小篆 | 楷体 |

"年"字的字形演变

汉《历书》（1990年清水沟出士，敦煌市博物馆藏）

十月作为一岁之首，充分体现了"年"字的本意。《说文》曰："年，谷熟也。"甲骨文的"年"字，上部为一束饱满的穗子向下垂荡，下部是一个弯着腰、臂向下伸的人形，二者合之，似人负禾，以示丰收、收获等义，形象地体现了以农事周期为一年的计算方法。南朝宗懔在《荆楚岁时记》中写道："十月朔日，黍臛，俗谓之秦岁首。今北人此日设麻羹豆饭，当为其始熟尝新耳。"这里的"黍"即黍子，是黏米的一种，"臛"为肉羹，"黍臛"就是指黍子加肉熬成的肉粥。由此可见，秦朝岁首，以红豆、黍米等收获的谷物为庆祝新年的节令食品。

十月孟冬为收获之季，可以用丰盛的祀品供奉先祖，因此整个十月成为重要的祭祖月。《诗经·豳风·七月》："九月肃霜，十月涤场。朋酒斯飨，曰杀羔羊。济彼公堂，称彼兕觥，万寿无疆。"诗中记述了十月用酒宴请宾朋的盛况，宰杀羊羔，登上高高的公堂地，举起精美的兕角酒杯，祝贺君王万寿无疆。

《礼记·王制》里也记述道："天子、诸侯宗庙之祭，春曰礿，夏曰禘，秋曰尝，冬曰烝。"这里提及周天子宗庙祭祀的四时之祭，是以四季时令物品向祖灵献祭，让祖先尝新。四时之祭用祭品来区分：春天的祭祀不用牺牲，祝词丰富；夏天的祭祀，祭品较少，制作祭品多用煮的方式；秋天的祭祀之所以被称为"尝"，是因为秋季谷物初成，献祭祖先品尝；冬天的祭祀称"烝"，冬季进献的祭品最为丰富。西汉董仲舒将"烝"释为"烝者，以十月进初稻也"，是以新收获的稻子来祭荐祖先。

"十月朝"又叫"民岁腊"，腊祀原为丰收之后的丰年祭。"岁腊"即"年终"，为"年终祭祖"之意，此时要进行祭拜祖先、修斋谢罪、祈求延年益寿等相关信仰活动。《云笈七签》提及道教"五腊"分别是："正月一日名天腊，五月五日名地腊，七月七日名道德腊，十月一日名民岁腊，十二月节日名侯王腊，此五腊日，并宜修斋，并祭祀先祖。"其中十月一日为"民岁腊"。南宋罗泌《路史》也有"万民腊"的记述："每岁阳月，盍百种萃，万民蜡，戏于国中。"《太平府志》更详细地描述了如何庆祝"民岁腊"："孟冬朔日，古谓之民岁腊涂邑。是日始以火御寒，市糕作供，曰暖炉，亲戚相馈。"升火暖炉，制作米糕，并赠送亲友，足见"民岁腊"已显著具有新年岁时的标识。

对于"民岁腊"的盛景，元人周达观的《真腊风土记》从使臣的角度记述了新年观灯、燃放焰火的细节："每用中国十月为正月，是月也，名为佳得。当国宫之前，缚一大棚，上可容千馀人，尽挂灯球花朵之属，其对岸远离二十丈地，则以木接续，缚成高棚如造塔，扑竿之状，可高二十余丈。每夜设三四座，或五六座装烟火，爆杖于其上……点放烟火爆杖。烟火虽百里之外皆见之。爆杖其大如炮，声震一城。其官属贵戚每人分以巨烛、槟榔，所费甚多。国王亦请奉使观焉。如是者半月，而后止。"

汉朝建立后一直沿用十月岁首的传统，直到汉武帝太初元年，采用太初历，改正月为岁首"元旦"。虽然汉代颁用了新历，但"十月朝"作为节日的传统依旧在民间延续。

（二）授衣节与寒衣节

在十月迎新、荐新等一系列充满温暖与生命期冀的习俗中，同时演化出了授衣与送寒衣等充满人文关怀的习俗。授衣送暖之习，代有沿革。早在《诗经·豳风·七月》中就有"七月流火，九月授衣"之句，意思是从农历九月开始，天气慢慢转凉，为了抵御寒气，需要添加衣服。《月令》记述了十月"天子始裘"，意思是天子在十月换上冬装以示民众，此外还会赏赐大臣锦衣、裘帽等冬装以示慰问。晋代的崔豹在《古今注》写下了汉文帝在立冬日，"赐宫侍承恩者及百官披袄子"，以及魏文帝在立冬日诏百官，赐贵贱通戴的"温帽"。到了唐代，陶谷在《清异录》中记述唐制的立冬要进"千重袜"，这种袜子是用"罗帛十余层，锦夹络之"。从厚重的锦衣、裘帽、袄子、帽子再到袜子，从头到脚的武装，着实为即将到来的冬日做了充足的御寒准备。

如果说立冬"授衣之仪"是从御寒的实用角度对生者给予生活关怀，那么为亡者送寒衣之举，则寄予了人们对先祖、逝者的缅怀与思念。民间称"十月一"为寒衣节，民众忙于祭扫祖先坟茔，为亡故的家人烧纸、剪冥衣，这就是"送寒衣"。此俗正是基于十月迎冬祭祀与年节祭祖仪礼,从生者的生活所需联想到逝者所需,在慎终追远、寄托情感礼敬的同时,祈望得到祖先的赐福与庇护。

送寒衣,也是自上而下的一种孝道人伦的示范。在《唐大诏令集》中有一篇《九月一日荐衣陵寝诏》,记载了天宝二年八月唐玄宗制的一道诏令,他说:"自今以后,每至九月一日,荐衣于寝陵,贻范千载,庶展孝思。"皇帝亲自下诏,前往先皇的寝陵为其送衣,是孝思的典范。宋人吴自牧在《梦粱录·十月》里也记述了宋代的皇帝在十月孟冬的朔日,"朝廷赐宰执以下锦,名曰授衣,其赐锦花色,依品从效扫松,祭祀坟茔。内廷车马,差宗室南班往赞宫行朝陵礼"。而在北宋的京城汴梁,民间祭扫更重,"每至九月下旬,即卖冥衣、靴鞋、席帽、衣段,以十月朔日烧献故也"。到了元代,寒衣节之名正式出现:"(十月)是月,都城自一日之后,时令谓之送寒衣节。祭先上坟,为之扫黄叶。此一月行追远礼甚厚。"

从朝廷到民间,在这种自上而下的倡导与儒释道传统伦理观念的影响下,明清时的寒衣节已经成为全国性的悼亡节。明代田汝成的《西胡游览志余·熙朝乐事》中记述道:"十月朔日,人家祭奠于祖考,或有举扫松、墓之礼者。"明人刘侗、于奕正的《帝京景物略·春场》中也写道:"十月一日,纸铺裁五色纸作男女衣,长尺有忍,奠焚于门,曰送寒衣。"清顾禄的《清嘉录·十月·十月朝》:"月朔,俗称十月朝……人无贫富,皆祀。""十月朔,士民家祭祖扫墓,如中元仪。晚夕缄书冥楮,加以五色彩帛作成冠带衣履,于门外奠而焚之,曰'送寒衣'。"寒衣以纸套包裹,上书收衣人的姓氏、辈分,如同邮寄的书信一样。入夜后,家家祭奠,呼唤着亡者的名字,在大门处焚化寒衣。

与寒衣节相关的"孟姜女送寒衣"传说故事在民间广为流传,是有关寒衣节的最为动人的情感表述。孟姜女的故事在《春秋左氏传》《礼记·檀弓》《孟子》《列女传》等古籍中均有记载,晚唐敦煌曲子词《捣练子》唱云:"孟姜女,杞梁妻，一去燕山更不归。造得寒衣无人送，不免自家送征衣。"流传在甘肃河西一带的《孟姜女宝卷》中的唱词也提及"十月一，送寒衣"的古俗："十月里，十月一，麻腐包子送寒衣；走了一里又一里，我的郎君在哪里？"在流传于江南一带的吴歌基础上演化出了江南民歌《春调孟姜女》。它以江南的"春调"为曲调，唱词以十二月为时序，用分节歌的形式将孟姜女送寒衣的曲折故事，将其思念、痛苦的情绪层层推进，以深情动人的叙说以及优美委婉的曲调，撼动着人们的心弦："正月里来是新春，家家户户点红灯；人家丈夫团圆聚，孟姜女的丈夫造长城……冬月里来雪花飞，孟姜女千里送寒衣；前面乌鸦来领路，走到长城冷凄凄……"千百年来，孟姜女的传说故事被人们口耳相承，戏曲、歌曲、歌舞剧等艺术创造亦是层出不穷。2006 年，"孟姜女传说"作为宝贵的民间文学遗产，被列入首批国家级非遗名录。

二、十月望与水官解厄

十月十五亦称"望日"，是一年中最后一个月圆的节日"下元节"。《云笈七签》中的三元为"天地水"，为混沌分开后，生成人伦，长养万物。道教尊奉远古的三位明君尧、舜、禹为天、地、水三官，载录世人善恶，为万物之行本。天、地、水三官分别"赐福、赦罪、解厄"，各司其职：在正月十五天气圆满之时，天气主生，赐福以利民生；七月十五，地气圆满，地气主成，成福而赦罪；十月十五，水气圆满，盛德在水，水气主化，解除一切氛秽，所以解厄。民间又分别以三官诞辰称"三元"——上元、中元、下元。相较于上元节（元宵）、中元节（七月半），如今下元节已淡化，不为民众所熟识。

道教的三官信仰起源于自然崇拜，崇拜对象是天、地、水等自然元素。古代先民认为天、地、水三大元素是化生万物的基础，在对大自然的敬畏中，分别创造了主天之神、主地之神和主水之神，并将祭天、祭地、祭水上升为朝觐天子的主要仪式内容。《仪礼·觐礼》记载，诸侯觐见天子，要举行祭天、祭地、祭水仪式。"祭天，燔柴"，意思是燃烧木头，使木头的香气上达于天，让天神可以感知；"祭地，瘗"，是将三牲的毛、血埋到地穴里，让地神可以闻到气血；"祭川，沉"，是将祭品倒进水里，让水神知道盟义的存在。其中，水官全称为"下元三品五炁解厄水官金灵洞阴大帝旸谷帝君"，隶属太清境。水官由风泽之气和晨浩之精结成，总主九江四渎、三河五海、十二溪直圣神君等水中诸大神仙。每逢十月十五日，即来人间，校戒罪福，为人消灾，称为水官解厄。每至下元日，水官考籍，按众生善恶功过，随福受报，随愆转形。道观则设斋建醮，解厄难，超度死者。届时，信众杀鸡宰鸭，备好美味佳肴，果品醇酒，前往三官庙祭祀水神和先祖。道教徒则在门外竖天杆，杆上挂着写有"天地水府""风调雨顺""国泰民安""消灾降福"等字样的黄旗。

元 何澄《下元水官图》局部（美国弗利尔美术馆藏）

约于宋代，下元节成为一个祈求水官解忧排难、祭祀神灵与祖先、禳灾免邪，同时祈求来年丰收的节日。《月令粹编》引《搜采异闻录》述："（宋太宗赵匡义）太平兴国五年（980年）十月下元，京城始张灯，如上元日。"另据《帝京岁时纪胜》，每至下元日，太液池南面的永安寺有白塔，自山下燃灯至塔顶，灯光恍如星斗。黄衣喇嘛诵经，吹大法螺，信众左手持有柄圆鼓，右手敲击，为国家民众祈福。民间家家户户燃灯祝福，场景盛大犹如上元灯会。

上古祭祀天地水是皇帝的权力，庶民百姓多祭祖祀灶。下元节在正统的天地祭祀中不断融入农业生产的祭祀风俗，慢慢成为祈求丰收的农祀节日。《中华全国风俗志》记载，福建莆田地区下元节，农民会在田埂上奉斋插香祭水神，祈求干燥的冬季过后，来年风调雨顺，能有丰沛的水源滋润庄稼。江苏淮安民众会于下元日登禹王台祭大禹，大禹被当地人们视为水官大帝，禹王宫庙

十月朔望：酬年问暖寄故思

宋 马麟《三官出巡图·水官出巡》局部（台北"故宫博物院"藏）

会人山人海，是物资交易的重要场所。此外，还在河道进行"水色"，即扎彩船在河中巡游的仪式。

山东、陕西、湖南的一些地区下元节祭水官与山神，迎神赛会，热闹非凡。如陕西凤翔"十月秋成，报答土功，祭献山神，迎赛经月不绝"，湖南宁远"十月十五日，为下元节，迎神赛会之事，多于是节前后行之"，山东邹县"下元日，祀先，毕场功，设醮燕"，西藏地区在下元节要纪念文成公主，相传"十月十五日，为唐文成公主之诞辰，士女盛装参贺，家家饮酒"。

三、炉神与行业神崇拜

下元节除祭祀水官外，祭祀行业神也是一项重要内容。旧时，金属制作匠人、矿工等多奉炉神，如清孙嘉淦的《重修炉神庵老君殿碑记》记载："老君之为炉神，于史传元所考，予尝揆以意，或世传道家丹灶，可铅汞致黄白（金银），故云尔，抑亦别有据耶！吾山右之贾于京者，多业铜、铁、锡、炭诸货。以其有资于炉也，相沿尸祝炉神。"民国文献《民间新年神像图画展览会》中也记有"炉火之神，乃为冶工、金银匠与兑换商之祖师"。

民间奉太上老君为炉神，皆因道教传说中太上老君炼九鼎神丹。随着手工业的兴盛，各类工坊包括铁匠、铜匠、锡匠、金匠、银匠、补锅匠、盆碗窑匠等，为城市的萌生奠定了经济基础。手工匠人的工具，多离不开炉子的煅烧，所以均奉太上老君为祖师爷，祭炉神成为行业间的规制与习俗。在北京、苏州等经济发达地区，多有炉神庵或老君堂，每逢会期，凡金、银、铜、铁、

民间木版年画《太上老君》

锡匠及矿工等及各种盆、碗、窑匠,均往庙中进香,或在行会所中挂老君像祭祀,护佑行业发展。

下元节除汉族供奉老君为炉神外,少数民族地区也有祀行业神之俗,如将鲁班大仙视为木工、窑工的保护神。彝族的矿工、盐工,苗族的陶工,壮族的铁匠,满族的金银匠等也供奉老君为炉神或行业神。此外,手工作坊还供炉火神、金炉神等。

另一位女性炉神莫邪的记述,出自清代吴茗的《女聊斋志异》,书中记载了干将莫邪铸剑的传说:"按《吴地记》,阖闾使干将铸剑。采五山之精,合五金之英,使童女三百人祭炉神,鼓橐。金银不销,铁汁不下。其妻莫邪曰:'铁汁不下,有何计?'干将曰:'先师欧冶铸剑,不销,以女人聘炉神,当得之。'莫邪闻语,窜入炉中。铁汁出,遂成二剑。雄号'干将',作龟文,雌号'莫邪';鳗文。余铸得三千,并号'干将莫邪'。"莫邪舍身祭炉神而得雌雄二剑的传说,不过是古人将铸剑术神秘化的创造,却成为行业神崇拜的来源。

从炉神崇拜衍生出了十月暖炉会。因十月农事活动减少,闲暇时可宴饮聚乐、吟诗唱曲、击鼓行令、听戏观舞等,令冬月颇有生机。《岁时广记》记:"十月朔,有司进暖炉炭,民间皆置酒作暖炉会。"范成大《吴郡志》中也有"十月朔……是日开炉,不问寒燠,皆炽炭"

清陈枚《月曼清游图》围炉局部(故宫博物院藏)

的记述。《武林旧事》卷九"张约斋赏心乐事"形象地描写了立冬暖炉家宴的温馨："十月孟冬，旦日开炉家宴，立冬日家宴，现乐堂暖炉，满霜亭赏蚤霜，烟波观买市，赏小春花，杏花庄挑荠，诗禅堂试香，绘幅楼庆暖阁。"暖炉、赏花、试香、品画等，尤为文人所好。

四、五谷神与下元食俗

节令食品成为节日仪式中调节民族共同情感的重要手段，如春节的饺子，上元节的元宵，端午节的粽子，中秋节的月饼等，下元节也有其独特的节令食品。

南宋 马远 《〈诗经·豳风〉图卷》局部
（克利夫兰艺术博物馆藏）

为感念天地赐予的丰年，下元节要祀"五谷母"。传说五谷母一年有两次生日：一次是六月十五日，此时是夏收的早稻；一次是在十月十五，此时是秋收的晚稻。所谓"五谷母"并不是指女性母神，而是指创生了五谷的神农氏炎帝。神农被奉为农业祖神，因为他不仅懂得耕种五谷、发明农具、辨识草药的知识，还亲自传授民众知识，为民谋福。

民间供奉五谷母的供品多为由五谷制成的粿类，有些地区还用米粉蒸制五谷母像，其遍身挂满谷穗、豆荚，以庆丰收。如广东潮汕地区将"五谷母"称作"五谷大帝""五谷爷"，拜祭时有的设在饭桌上，有的设于米缸前，有的就直接设在收割完的田地里。农民用米筒装满白米，筒口封上红纸，将它当作供插香烛用的"五谷母"炉，焚香拜祭时用"五谷丰登，米粮充足"的祷祝来答谢五谷神。

"十月半，牵砻团子斋三官"。下元节作为道教节日，按道教斋法规定，

元 王祯《农书》中的神农氏（明刻本）

修斋期间一要设供斋，结坛醮神，积德解愆；二要节食斋，沐浴更衣，戒酒戒荤，以求外则不染尘垢，内则五脏清虚洁身清心，以示诚敬；三要心斋，夷心静然。因此，下元节多以素食答谢天地、先祖。如北京下元节时，家家户户要做"豆泥骨朵"，就是现在的豆沙包；河西大部分地区常见的一种下元节风味小吃是"麻腐包子"；福建莆仙人家喜欢做葱饼。这些食物被当作供品放在大门外"斋天"，然后给家中儿童分食，以沾福泽。

四川客家传统，如家中有新添男丁的，会在下元节做新丁粄，即传统的红粄。在粄脆中包以甜豆沙、花生粉、红豆馅，再将包好的粄团用模具印出龟甲的花纹。人们用新丁粄来"祭天公"，以答谢上天赐男丁之福。之后再把新丁粄分发给邻舍，让大家共同分享。岭南一带的客家人也保留了下元节要"吃红"的古俗。所谓"红"，即用糯米做成的糕，也称糍粑。客家人办喜事大都会"打红"，将糯米加红豆的粿儿上饭甑蒸熟，即可食用。

在镇江，下元节要吃红豆饭，"为苍蝇饯行"。饭前，在厨房案桌上为苍蝇准备一杯水，一碗红豆饭，意思是苍蝇吃喝之后就离开，不再相扰。吃过红豆饭，人们便到城隍庙看城隍出巡。游神队伍高抬城隍神像走街串巷，沿途百姓祈愿、求庇佑。苏州下元节要吃素斋、熏青豆、腌菜、储冬菜、十月白（酒）、饴糖等。苏州的"十月白"是迷人的风物，更是古老腊祀的遗存，崔寔的《四民月令》记述道："十月上辛，命典馈清曲，酿冬酒，供腊祀。"清人顾禄在《清嘉录》中详细描写了其酿造过程："乡田人家，以草药酿酒，谓之冬酿酒。有秋白露、杜茅柴、靠壁清、竹叶青诸名。十月造者，名十月白。

以白面造曲，用泉水浸白米酿成者，名三白酒。其酿而未煮，旋即可饮者，名生泔酒。"

在明代时，上海一带将下元节从"十月望"移到"十月朔"，有开炉做饼的习俗。清人姚廷遴的《历年记》述："世俗以十月初一为下元节，大家小户必祭先，为农事告成也。"清人王韬的《瀛壖杂志》是一部以体验式经历记录近代上海城市变迁与文化转型的"缩本上海志"，其中提到上海的炉节，"沪俗于十月朔日开炉煮饼，献于家祠，故称炉节"。倪绳中在《南汇县竹枝词》中描述了炉节祀祖与报赛的欢乐情景："炉节欣逢十月朝，开炉祀祖饼初烧；更看报赛丰年乐，旗影斜阳柳外飘。"秦荣光的《上海县竹枝词》也描述了沪地十月炉节的画景："十月开炉竟饼烧，年丰赛社闹笙箫；前村旗影斜阳里，橘绿橙黄画景描。"

五、结　语

"烂漫黄金蕊，轻盈白玉枝。重阳留得下元时。醮谢星官，特地献真师"。孟冬十月，北风徘徊，天气肃清，繁霜霏霏。寒冷萧瑟的早冬，先民期盼在天地之间找到平衡与突破，迎来新一季的繁荣与富庶。在上古社会，天、地、水是人们生产和生活不可或缺的条件，否则生命将无法维系，因此先民常怀敬畏虔诚之心顶礼膜拜。

从"十月朔"的岁首欢庆，到"十月望"为天地、为祖先、为生命而设的修斋设醮、享祭祈愿、禁屠茹素等节日内容与节俗形式，在社会不断演进的过程中，与儒释道以及其他社会主流文化相互协调、相互作用，十月节呈现出中国独有的人伦孝悌思想特质。十月节丰富的节日义涵，不仅表达了先民祈福、求寿、感恩的人生感受，亦有对生命历程中困境与苦厄的消除与化解，形成了赎罪、解困等完整的生命体验，是对珍爱万物这一生命哲学的文化实践与表达。

九九消寒农历图

九九歌

一九二九不出手
三九四九凌上走
五九萌芽生
春打六九头
七九河开河不开
八九雁来雁往来
九九加一九
耕牛遍地走

十一 冬至

又见春来报一阳

农历十一月，又称"冬月、辜月、畅月、子月、建子"，此月有着有"亚岁"之称的冬至节。在中国二十四节气体系中，既有自然属性又具社会属性的节日，除去清明便是冬至了。冬至，古时"四时八节"的最后一节，俗称"冬节"，又被称作"至日、南至、长至节、一阳节、贺冬节、亚岁"等。"一阳初动处，万物未生时"。作为中华时序系列上阴阳转换的关键节点，冬至无论是作为节气还是节日，持续在民众日常生活仪轨的调适、社会关系的重整、人神秩序的重塑上，发挥着礼俗互动的建构作用。

一、黄钟应律与圜丘祭天

（一）六管飞葭

"阴极之至，阳气始生，日南至，日短之至，日影长之至，故曰冬至"。先民很早就掌握了使用圭表观测日影的方法，测定出了夏、冬二至。冬至日，太阳行至最南端，是全年中白天最短、夜晚最长的一天，故称"南至"或"长至"。《礼记·月令》载："是月也，日短至。"《尚书·尧典》中亦有"日短星昴，以正仲冬"的记述。古人问天逐日，将春分称作"日中"，秋分称作"宵中"，夏至称作"日永"，冬至称作"日短"。古老的夏代遗址山西陶寺观象台有 12 道观测缝，复制原址模型进行模拟实测，从第 2 个狭缝看到日出的日子为冬至日，第 12 个狭缝看到日出的日子为夏至日，第 7 个狭缝看到日出的日子为春分、秋分，这充分证实了古人在天文气象观测方面的先进程度与准确性。

先民的阴阳观念是"气始于冬至，周而复生，阴气至此而极，阳气从此回生"，正所谓"一阳来复"。元代吴澄的《月令七十二候集解》云："冬至，十一月中。终藏之气至此而极也。"明代王鏊的《震泽长语·象纬》亦云："冬至之日，一阳自地而升。"阳气在冬至日自地下升腾，那么古人是以何种方式来感知"一阳来复，阳气回升"的玄妙的呢？

宋代女诗人朱淑真写有一首《冬至》，诗云："黄钟应律好风催，阴伏阳升淑气回。八神表日占和岁，六管飞葭动细灰。"这里描述了冬至以音律占候观气，以祈合岁的情景。冬至日阳气舒展，律当黄钟，六管中的芦苇膜灰被地下升腾的阳气吹扬，这一以音律表达物候转换的方式，深刻反映出古人对未来的美好祝愿以及对自然规律的共情与理解。黄钟应律中的黄钟，为中国古代音韵十二律中六种阳律的第一律，声调最为洪大。黄钟律和冬至相应，时在十一月。《史记·律书》曰："黄钟者，阳气踵黄泉而出也。""律吕"或"乐律"是指用来协调阴阳、校定音律的设备，近似于现代意义上的定音管，是将竹子制成十二根竹管，与十二个月份相对应，奇数的六根称"律"，偶数的六根称"吕"，奇数表示阳，偶数表示阴。

"六管飞葭"，是指竹管中受气鼓动飞出的葭灰。"葭"，即芦苇。《后汉书·律历志》更为具体地记述了"葭灰占律"的古老"候气"之法："为室三重，户闭，涂衅必周，密布缇缦。室中以木为案，每律各一，内庳外高，从其方位，加律其上，以葭莩灰抑其内端，案历而候之，气至者灰动。"古人将长短次序不同

清 金云龙纹编钟 黄钟律吕 （故宫博物院藏）

的竹管依序排列，插至土中，将芦苇膜烧成灰，置入不同的律管，以此来候地气。冬至子时，阳气生发，从第一根九寸长的竹管内冲出，葭灰也随之飞出，迸发出悦耳的声响。古人形象地将抽象的气转化为乐律，以声示形，大音希声。此后，"黄钟大吕"被用来形容音乐或文辞的庄严、正大、和谐与高妙。

《尚书·舜典》云："诗言志，歌永言，声依永，律和声。"华夏为礼乐之邦，相传早在黄帝时期，其乐官伶伦就创造了音律。《吕氏春秋·古乐》述："昔黄帝令伶伦作为律。伶伦自大夏之西，乃之阮喻之阴，取竹于嶰溪之谷，以生空窍厚钧者，断两节间，其长三寸九分而吹之，以为黄钟之宫，吹曰'舍少'。次制十二筒，以之阮隃之下，听凤皇之鸣，以别十二律。其雄鸣为六，雌鸣亦六，以比黄钟之宫，适合。黄钟之宫，皆可以生之。故曰黄钟之宫，律吕之本。"这个神话故事说的是黄帝派遣伶伦从大夏以西，来到昆仑之阴，在一个叫作"嶰谷"的地方取来竹子，从中挑选皮厚且中孔均匀者，在两个竹节处截断，并根据竹筒的长短吹奏出不同的响声。伶伦共用了长短不同的12根竹筒，以黄钟音为基音，参照凤凰鸣叫的声音定律。其中以凤（雄性）鸣的不同音阶确定了"六律"，以凰（雌性）鸣的不同音阶确定了"六吕"，此12个音阶统称为"十二律"，也称"律吕"。

正如宋汪宗臣的《水调歌头·冬至》所云："候应黄钟动，吹出白葭灰。

五云重压头上，潜蛰地中雷。莫道希声妙寂，嶰竹雄鸣合凤，九寸律初裁。"由音律创制而产生的礼乐仪式、规章法度，对于华夏文明的发展有着极为重要的影响。古人以音律体现"气动"，由此引发听觉上的感知，将自然万籁与身体的和频共振紧密相连，将"一阳生，万物生"这一抽象的哲学概念，转换为可视、可感知的物体，这正是先民的智慧创造，更是东方哲思中朴素自然观与生命观的体现。

（二）祀先拜祖

中国古代历法曾以冬至为岁首。传说黄帝命大桡作甲子，观察日月星辰的运行，以十一朔甲子日冬至为历元，从而制定了我国第一部历法——《黄帝历》，并以甲子年甲子月朔甲子日冬至为元日。汉初，太史令司马迁、邓平、唐都、落下闳等人制定《太初历》，以十一月甲子日夜半朔旦冬至为历元。传说黄帝于冬至日获得来自太一神的"宝鼎神策"，《史记·孝武本纪》记"岁己酉朔旦冬至，得天之纪，终而复始"。故而，冬至自产生起便是重要的纪元节点。

宋《太平御览·时序部》载："十一月建子，周之正月，冬至日南极，影极长。阴阳日月，万物之始，律当黄钟，其管最长，故有履长之庆。"说的是，周朝将冬至作为岁首，又称元旦，天子率百官举行祭祀仪式，以祈佑国泰民安。又有《周礼·春官》云："以冬日至，致天神人鬼，以夏日至，致地物魅。"《周礼·春官·大司乐》："冬日至，于地上之圜丘奏之。"圜丘是古代帝王冬至祭天的地方，"土之高者曰丘，取自然之丘。圜者，象天圜也"。《续资治通鉴》亦云："辛巳，曰南至，祀天地于圜丘。"

冬至祭祀的最高神祇是北辰太一，其次为四灵四方、四季神和先神，祭祀的目的一是庆贺、迎接阳气生命之神的再生，二是袚除各种潜在的灾荒和瘟疫。皇家祭祀礼仪，历朝历代沿袭，直至明清。《宋史·礼志》载："宋之祀天者凡四：孟春祈谷，孟夏大雩，皆于圜丘或别立坛；季秋大飨明堂；惟冬至之郊，则三岁一举，合祭天地焉。"《清稗类钞》云："每岁冬至，太常侍预先知照各衙门，皇上亲指圜丘，举行郊天大祭。"如今北京的天坛

南宋 马远 《〈诗经·豳风〉图卷》局部（克利夫兰艺术博物馆藏）

公园，就曾是元、明、清三代冬至郊祀的地点。

皇家冬至祀天是强化身份和保证权力合法性的重要举措，而民间冬至祭祀祖祢，更具感念恩荫庇后世的意味。汉崔寔《四民月令》曰："冬至之日，荐黍羔，先荐玄冥以及祖祢，其进酒尊老及谒贺君师耆老，如正旦。"宋以降，冬至祭祖更为隆重。吴自牧《梦粱录》记冬至日"祭享宗禋，加于常节"。明代田汝成《西湖游览志余·熙朝乐事》载："冬至谓之亚岁，官府、民间各相庆贺，一如元日之仪。舂粢糕以祀先祖。"《清嘉录》云："家无大小，必市食物以享先，间有悬挂祖先遗容者。"《松江府志》亦记："十一月冬至，治花糕，到羊豕，祀先。冬至祭祖菜肴丰盛，祭祖后合家吃冬至夜饭，饮冬分酒。"

二、添线履长与拜冬做节

（一）冬至履长

冬至节俗中，清晰可见一条从"求仙"到"祈寿"再到"敬老"

的主线，此习俗的形成多源于汉代方士造说的"黄帝于冬至日得道成仙"的故事。"亚岁履长"成为至日敬亲孝亲的重要活动。汉代崔骃的《冬至袜铭》中就有"阳升于下，日永于天，长履景福，至千亿年"的赞颂。三国曹植在《冬至献履袜颂表》中也表述道："伏见旧仪，国家冬至，献履贡袜，所以迎福践长。"曹植"献文履七緉，袜百副"于父曹操，在"亚岁迎祥，履长纳庆"的特殊日子里，大书特书"不胜感节，情系帏幄"的心情。

皇室崇尚冬至"献履袜"之仪，亦引申出长至日"添宫线"之举。古代宫中绣女自冬至后每日便多绣一线，既带有增寿的祝祷，也带有日长劝勤的况味。宋陈元靓《岁时广记》引《岁时记》曰："晋魏间，宫中以红线量日影，冬至后日添长一线。"又引《唐杂录》云："宫中以女功揆日之长短，冬至后，日晷渐长，比常日增一线之功。"民间也有谚云"吃了冬至饭，一天长一线"，这是意在用冬至日添线来象征与人添寿。

在诸多名家诗作中，亦可见冬至"添线"之习。如欧阳修《渔家傲》之"十一月新阳排寿宴，黄钟应管添宫线"，阮阅的《减字木兰花·冬至》"绮窗寒浅，

清 陈枚 《月曼清游图》局部（故宫博物院藏）

《清院本十二月令图轴》局部（台北"故宫博物院"藏）

尽道朝来添一线"，毛滂的《摊声浣溪沙》"日转堂阴一线添，使君和气作春妍"，韩淲的《浣溪沙·至日带湖》"爱日回春一线长"，程垓的《一剪梅·冬至》"斗转参横一夜霜。玉律声中，又报新阳。起来无绪赋行藏。只喜人间，一线添长"。

冬至"履长"的风俗从宫中深入民间。《太平御览》云："近古妇人，常以冬至日上履袜于舅姑，践长至之义也。"《中华古今注》亦记："汉有绣鸳鸯履，昭帝令冬至日上舅姑。"冬至日，家中媳妇要为公婆送上自己亲手缝制的鞋袜，以示献寿。后又与新年习俗相融合，冬至日要更换新袜，践履祥云瑞气，纳新求福。如明代屠隆的《缥缃对类》记载："添线，并冬至。履长，冬至；履新，正旦。"冬至穿新的鞋袜，踩踏在日影上，纳受阳气，可以迎福除秽，透示出古人消灾避厄、养生祈福的观念。

冬至日，幼辈向长辈献寿，长辈也为幼辈祈福，尽显人伦之乐。如唐杨炯句："每献岁发春，日南长至，群从子弟称觞上寿者，动至数十百。"又如杜牧《冬至日寄小侄阿宜诗》句："去岁冬至日，拜我立我旁。祝尔愿尔贵，仍且寿命长。今年我江外，今日生一阳。忆尔不可见，祝尔倾一觞。"从姑媳向长辈赠鞋袜演变为赠鞋帽于甥侄，即为这种双向情感交融的显现。民间舅姑赠男孩的鞋帽，多为虎形、狗形，要绣上猛兽，而送给女孩的鞋帽多为凤鸟花卉，以护生助长。

（二）亚岁佳宴

民谚云"冬至大如年"，有些地区的冬至甚至胜于新年，便有了"肥冬瘦年"的说法。北宋孟元老《东京梦华录》载："京师最重此节。虽至贫者，一年之间，积累假借，至此日更易新衣，备办饮食，祭祀先祖。官放关扑，庆贺往来，一如年节。"周密的《武林旧事》亦载："朝廷大朝会庆贺排当，并如元正仪，而都人最重一阳。贺冬车马，皆华整鲜好，五鼓已填拥，杂遝于九街；妇人小儿，服饰华炫，往来如云；岳祠、城隍诸庙炷香者尤盛。三日之内，店肆皆罢市，垂帘饮博，谓之'做节'。"他笔下所描绘的都城，官员休沐，店铺罢市，民众走亲访友，相互庆贺，饮酒贺年，一派欢乐祥和的景象。

民间重拜冬，吴地尤甚。宋周遵道《豹隐纪谈》记："吴俗重冬至节，曰'肥冬瘦年，互送节物'。"清顾禄的《清嘉录》详细记述了苏州的冬至："至日为冬至朝。士大夫家，拜贺尊长，又交相出谒。细民男女，亦必更鲜衣以相揖，谓之'拜冬'。""节前一夕，俗称'冬至夜'，是夜，人家更迭燕饮，谓之'节酒'。女嫁而归宁在室者，至是必归婚家。诸凡仪文，加于常节，故有'冬至大如年'之谚。" 清人徐士宏在《娱中竹枝词》中亦云："相传冬至大如年，贺节纷纷衣帽鲜，毕竟勾吴风俗美，家家幼小拜尊前。"

"亚岁崇佳宴"，宴飨成为冬至日不可或缺的重要内容。冬至聚宴，主客相邀，共享美酒佳肴和节令风物，以贺佳节。冬至要吃馄饨，据传此食俗早在唐代就已形成。敦煌文书中记载道："长至日，空〔酒〕馄饨，故勒驰屈，降趾为幸！"这则请帖是邀请朋友来家里宴饮，意思是在冬至日请来我家吃馄饨。到了宋时馄饨已多达百种口味，《岁时广记》述："京师人家，冬至

清 徐扬 《姑苏繁华图》局部（辽宁省博物馆藏）

多食馄饨。故有'冬馄饨，年馎饦'之说。"《武林旧事》更是记载道："享先则以馄饨。贵家求奇，一器凡十余色，谓之'百味馄饨'。"可见宋人冬至馄饨种类之多，食俗之精美。

关于馄饨的来历有多种说法：一说相传出自塞外的浑氏、屯氏，故称"馄饨"。宋人程大昌《演繁露》云："世言馄饨是虏中浑氏、屯氏为之。"另一说馄饨与开天辟地的盘古有关，《燕京岁时记》述："夫馄饨之形有如鸡卵，颇似天地浑沌之象，故于冬至日食之。"冬至正是阴阳交替之日，借"浑沌"谐音，吃"馄饨"，似有打破混沌、开辟鸿蒙之意。此外，冬至为道教元始天尊的诞辰。元始天尊生于混沌之前，太无之先，元气之始，故名"元始"。道教认为，冬至是阴阳转化的关键节气，是阴极阳升之始，故借冬至吃馄饨之俗为元始天尊庆生。

冬至还有吃汤团的习俗。诗云："家家捣米做汤圆，知是明朝冬至天。"

在江南，冬至吃汤圆更为普遍，有"吃了汤圆大一岁"之俗谚。汤团的前身可溯至一种被称作"饧彩珠"的食物。五代人冯贽《云仙散录》引《金门岁节》云："洛阳人家……冬至煎饧彩（或作'绿'）珠，戴一阳巾。""饧彩（绿）珠"或为一种圆形的油炸糖馅美食，"冬至团"即是类似于"饧彩珠"的一种美食。

《清嘉录》记述了苏州地区风行冬至进粉团："比户磨粉为团，以糖、肉、菜、果、豇豆沙、芦菔丝等为馅。为祀先祭灶之品，并以馈贻，名曰'冬至团'。"上海地区的冬至团以糯米粉制成，意味着团圆、圆满。清人秦荣光的《上海县竹枝词》云："冬至花糕更粉团，冬分酒吃闹年年。衣冠拜贺亲朋后，肉块堆盘夜祀先。"冬至日清晨，各家各户开始磨粉制团，亲人相聚品尝新酿的甜白酒和花糕，并以肉块垒于盘中祭祖，后分赠亲友互表祝福之意。

据传冬至日熬制红小豆粥可以驱鬼避瘟。《荆楚岁时记》载："冬至日，量日影，作赤豆粥以禳疫。"按"共工氏有不才之子。以冬至日死，为疫鬼，畏赤小豆。故冬至日作赤豆粥以禳之"。赤小豆可避瘟驱邪的功效，在不少道家医书中均有记载，如《齐民要术》："以麻子二七颗，赤小豆七枚，置井中，辟疫病，甚神验。"又如东晋葛洪的《肘后方》："吞麻子、（赤）小豆各二七枚，消疾疫。"唐人孙思邈的《备急千金要方》也记有"避瘟疫方"："正旦吞麻子、赤小豆各二七枚，又以二七枚投井中。"道家还有"撒豆成兵"的法术，如《太上通玄灵应经》所云："若使豆子为兵者，用赤（小）豆一千枚。"如上种种，足见冬至这一特殊时间节点所赋予食物的丰富各异的文化义涵。

三、九九消寒待春回

"夏至三庚入伏，冬至逢壬数九"。从冬至起，每九天为一九，至九九为止，是一年中最冷的时候。为了平安渡过漫漫长冬，带有祷祝及娱乐意味的"九九消寒图"便应运而生了。

冬至后八十一日的计日图，形制不一，有多种方式，其中梅花图尤为闺阁中的女子所喜爱:"冬至后,贴梅花一枝于窗间,佳人晓妆,日以胭脂涂一圈,八十一圈既足,变作杏花,即回暖矣。"正如元代杨允孚的《滦京杂咏》诗云:"试数窗间九九图,余寒消尽暖回初。梅花点遍无余白,看到今朝是杏株。"又有"淡墨空钩写一枝,消寒日日染脂。待看隆雪枝头满,便是春风入户时。"将每日晨起梳妆的佳人与"由梅而杏、由冬而春"的季节转换相连,生活顿时轻暖明媚起来。

填字法与消寒谚,是另一种文字娱乐方式。清徐珂《清稗类钞·时令类》记:"宣宗御制词,有'亭前垂柳,珍重待春风'二句,句各九言,言各九画,其后双钩之,装潢成幅,曰九九消寒图,题'管城春色'四字于其端。南书房翰林日以'阴晴风雪'注之,自冬至始,日填一画,凡八十一日而毕事。"这里的"管城"是笔之别称,寓笔成春满庭之意。古人细致地将八十一日的天气情况用不同的颜色记述,"晴为红,阴为蓝,雨为绿,风为黄,雪则为白",饶有趣味地记录下生活点滴,将清寂的冬日装点出色彩与生机,融融春日仿佛也在此间变得触手可及。

"画九、写九"的消寒联,是更为高雅的文字游戏,在士族群体中是与灯谜、酒令、对子等,有着异曲同工之妙的雅兴之举。旧时文人逢九相聚,举办"九九消寒会"。他们着意于"九"之兴,如"择一九"日置酒会食,相约"九人",围炉饮酒赋诗,席上用"九碟九碗",成桌者用"花九件"席等,间有吟诗、填词、作赋。而"九体对联"的方式,无疑增加了创作的难度。每联须九字,每字须九画,又须紧扣春意展开,如上联若为"春泉垂春柳春染春美",下联则对为"秋院挂秋柿秋送秋香",又如上联为"柔柳轻盈香茗贺春临",下联即"幽柏玲珑浓荫送秋残"。每日于上下联各填一笔,联成春至。

对于儿童来说,童嬉消寒图无疑是一种寓教于乐的蒙学方式。通过工笔彩绘画图,可对幼童进行识字、辨物、知史等启蒙教育。如消寒图画九子,每人各执一玩具,共有灯、伞、车、花、鞭炮等九种,玩具上折有九个白纸方块,犹如九扇遮盖的窗户,每日翻开一个,显现出里面隐藏的花卉、人物等,

河北武强民间木版年画《元子争春（头）九九消寒图》

待翻完九种玩具也就出了九九，迎来春暖花开。

在中国传统木刻雕版年画中有一类特别的"九九消寒图"，也叫"六子争头"。图中三个娃娃的头脸，却串联起了六个身子，故曰"六子争头"，呈现出一种动静结合的旋转图形。围绕娃娃一周的十二生肖，象征着生命连绵不断、周而复始，折射出时间轮回交替的朴素哲学观念。四周遍布的柿子、苹果、桃、鱼、牡丹、菊花、荷花、福寿花瓶等吉祥图案，则象征着平安、富贵、团圆、长寿、多子多福，充满着人们对生活的祈祝。画上还印有九九消寒诗："几个顽童颠倒颠，冬寒时冷衣不穿。饥饱二字全不晓，每日欢娱只贪玩。连生贵子亦如意，定要三多九如篇。若问此景何时止，九九八十零一天。"

四、结　语

"天时人事日相催，冬至阳生春又来"。天地有盈虚，往复成季节。从昭示着冬至的黄钟律吕中，我们洞察到古人为阴阳消长、应时应候的智慧；在冬至"祭祖敬神、馈赠拜冬、履长孝亲、尊师教长"的风俗中，我们体味到人间的温情；在"数九消寒"的涂画与"日添一线"的劳作中，我们感悟到珍惜光阴的步履与善待生命的积极向上。曾作为中华时序开端的冬至，对于中国人的时间与生命观有着非同寻常的意义。

冬至，以"时"为造化之本，基于天象与物候形成的历法知识，成为东方哲学阴阳观念的表征，是华夏礼乐法度的思想总结，更蕴含着民族的时间记忆与浪漫想象。千百年来，冬至作为节日在不断调适着历法秩序、社会关系、民俗心理，并以丰富多样的庆贺方式，承载起民众对于幸福、圆满理想生活的厚重期许，正所谓"四序潜分，亚岁方迎，万户千门，欢笑共庆良辰"。

十二腊月

年丰物阜庆清平

农历十二月，俗称腊月，又称"末月、除月、严月、嘉平月"等。腊月，是为迎接农历新年狂欢奏响的序曲，此时年味的酝酿已至醇至厚。起傩、祭灶、祀先、晒腊、净扫、装饰等种种年节的准备，从腊月初一持续到除夕守岁，腊月已然成了一个集祀典、宴飨、游乐、休闲于一体的节日丛，也成为春节这一中华民族最为隆重、最具普及性与群众性、持续时间最长的节日先导。

一、咚咚傩鼓饯流年

"腊"字是经字形深化与意义合并后的简化字，现代读音为"là"，其繁体字形为"臘"。"鼠"是"臘"的初文，为带毛的肉，后加"肉"部以明确字意，后引申为野兽之毛发有光泽而美。当用作"经曝晒后可以存放一段时间的肉"时，读音为"xī"。

金文　　　　　小篆　　　　　楷书（繁体）　　　楷书

"腊"的字形演变

　　《说文》中释："冬至后三戌，臘祭百神，从肉，㹜（liè）声。""腊"用作祭名时，《礼传》记："夏曰嘉平，周曰大蜡，汉改为腊。腊者，猎也，言田猎取兽以祭祀其先祖也。或曰，腊者，接也，新故交接，故大祭以报功也。"这段话的意思是进入腊月，以祭祀为中心内容的活动便会集中展开，此时年、岁交替，丰饶的物产最宜酬神谢祖，为来年祈丰；从物候上看，此时节作物收藏、天寒农闲、劳力充裕，正是狩猎良机，可以获取更多的肉类。

　　"腊祭"紧紧围绕"祀先、酬神、报田、祈年"展开，举行腊祭的日子称为"腊日"。周时"腊"与"蜡"各为一祭，"腊"祭祖先，"蜡"祭百神。《礼记·郊特牲》记述道："天子大蜡八。蜡也者，索也，岁十二月，合聚万物而索飨之也。蜡之祭也，主先啬而祭司啬也，祭百种以报啬也。"郑玄注说："蜡有八者：先啬，一也；司啬，二也；农，三也；邮表畷，四也；猫、虎，五也；坊，六也；水庸，七也；昆虫，八也。"这段话的意思是在年终时天子举行蜡祭，祭祀八神。一是祭祀先啬神农氏，也兼祭司啬后稷；二是祭祀百谷之神，报答先啬和司啬，因为有了先啬、司啬，而后才有百谷；与此同时，祭祀还附带宴请田官之神、阡陌之神、田舍之神和禽兽之神等。总之，蜡祭为广报恩惠、尽仁尽义之举。

　　腊日或先一日要行"傩"，这一逐疫驱邪的古老习俗就是源于原始的腊祭祀礼。关于"傩"最初的记述，见于《事物纪原》的《轩辕本纪》。在生产力低下的上古社会，寒冷的冬日易生发瘟疫，黄帝便让巫咸带领民众一边击鼓一边疾呼，劳心动形，以生发之气达成驱邪逐疫之目的。在原始傩仪中，行傩者要佩戴面具，一手持戈，一手持盾，奔向各个角落，搜寻不祥之物，边舞蹈边发出"傩、傩、傩"的呼喊，以驱除疫鬼，祈求平安。《吕氏春秋·季公纪》里说道："大傩，逐尽阴气为阳导也。今人腊岁前一日，击鼓驱疫，谓之逐除。"宋代的《太平御览》引《礼仪志》中也记述道："先腊一日大傩，谓之逐疫。"

《礼记·月令》《吕氏春秋》等书记载，大傩每年举行三次，分别于"季春毕春气""仲秋御秋气""季冬送寒气"。周时，官方宫廷傩是在季春时节举行的诸侯国傩和仲秋时节举行的天子傩及王室傩。《周礼·夏官》对主持傩仪的方相氏及其驱疫时的装束、仪态进行了描述："方相氏掌蒙熊皮，黄金四目，玄衣朱裳，执戈扬盾，师百隶而司傩，以索室驱疫。"方相氏披着熊皮，带着四目的黄金面具，黑衣红裙，举着戈，扬着盾，带着百位随从共同舞傩，出入房舍遍搜疫鬼而逐之。《后汉书》也记述了腊日前一天盛大的傩仪，参与的侲童多达百十人："先腊一日，大傩，选中黄门子弟，十岁以上十二岁以下百二十人为侲子。"这里的"侲子"，即是由方相氏带领而行使傩仪的童子。宫廷傩仪在唐代最为盛大，《乐府杂录》中描述道："用四方相，戴冠及面具，黄金为四目，衣熊裘，持戈扬盾，口作'傩、傩'之声，似除也。侲子五百，小儿为之，朱褶青襦，戴面具，晦日於紫宸殿前傩，张宫悬乐。"这里的侲童多达五百人。

与官方傩仪的肃穆华美相较，乡人傩则更具民间狂欢的色彩。有谚云："腊鼓鸣，春草生。"当古老而神秘的鼓点于村野响起，于季冬送寒的乡人傩拉开帷幕，预示着送走寒冬，迎接新春。乡人傩是以"（乡）社"为中心的共同祭礼形态，体现出农耕祈年风调雨顺的主题内涵。进入腊月，农事暂歇，正是酬年问神并祈来年风调雨顺、五谷丰登的好时节，起傩、行傩、追傩便于乡村一一上演，为消灾免疫祈福颂愿。《论语·乡党》篇中的"乡人傩"，记述了乡人举行傩仪时，孔子穿着朝服站在东边的台阶上。在孔子视野中的乡人，意指殷商旧裔具有血缘关系的"乡党"一族。南朝梁宗懔在《荆楚岁时记》中述道，"村人并击细腰鼓，戴胡头，及作金刚力士以逐疫"。

　　宋代傩礼开始全面流布乡野，傩与腊（蜡）混融的"乡人傩"民俗已形成。宋代风俗画中不乏对乡人傩的展演。如南宋佚名的《大傩图》中共刻画了十二位舞者，他们面带妆容，头戴插有花枝的帽子，其中三人头插梅花，是为"腊月"点题。除了斗笠、巾、冠之外，有的饰有粗角的兽头，有的以斗、箩、箕之类装饰。他们身携鼓、铃、檀板等乐器，手持扇、篓、帚、花枝、瓜果，

南宋《大傩图》局部（故宫博物院藏）

宋 苏汉臣《五瑞图》局部（台北"故宫博物院"藏）

团簇而舞，踏地起节，一派年节的欢乐气象。另有苏汉臣《五瑞图》的庭院婴戏，儿童们"聚戏舞蹈，或涂面，或戴面具，或播鼓，或秉菊，皆耳环手钏、绣裤文裆"，足见宋代傩俗已渗透至日常生活中。

宋词中也有大量对"腊月行傩"这一现象的诗句描写，如"腊鼓年年，旧家乐事宜朋酒"，"驱病鬼，媚钱神。笑他腊鼓闹东邻"，"岁暮，腊鼓，悬螺画虎。爆竹争喧，藏钩戏赌"，"又听村村腊鼓鸣，年丰物阜庆清平"等。腊鼓声声，不仅是游子的近乡情怯，更是比邻的聚乐相喧。谚云"腊鼓动，农人奋"，这更明确指出腊鼓在时序上具有安排农业生产的提示功能，只要腊鼓击响，便是农家忙着积田送肥的最佳时间，腊肥可提高土温，保暖防寒，在为来年囤积丰沃土壤的同时，也埋种下人美年丰的愿景。

二、腊日才过又小年

"禁阙迎傩鼓，邻街祭灶香"。腊鼓敲响之后，祭祀灶神是腊月时序上重要的一环。宋范成大的《祭灶词》详细描写了民间送灶之俗的热闹场景："古传腊月二十四，灶君上天欲言事；云车风马少留连，家有杯盘丰典祀。猪头烂热双鱼鲜，豆沙甘松粉饵团。男儿酌献女儿避，酹酒烧钱灶君喜，送君醉饱登天门，杓长杓短勿复云，乞取利市归来分。"祭灶日又称"小年"，北方为腊月二十三日，南方是腊月二十四。传说这天灶君上天庭向天君汇报家主一年的功过，灶君酒足饭饱才能为君言好事，人们才能为来年乞得利市好运。当供奉的鱼肉糕点祭过灶君后，便又成为家庭的宴飨。

相比于腊祭百神的隆重，祭祀灶神则更趋向家庭化、世俗化。《礼记·祭法》云："（王）立七祀，曰司命、曰中霤、曰国门、曰国行、曰泰厉、曰户、曰灶……庶士庶人立一祀，或立户，或立灶。"郑玄注说："此非大神所祈报大事者也，小神居人之间，司察小过，作遣告者尔……灶，主饮食之事。"虽然灶神的神职低微，却是万家烟火的庇护神，故民间有"事神不如祀灶"之说。

那么在民众心中轻易不能得罪，会"白人罪状"的家神到底是何方神圣呢？民间称灶神为灶王爷、灶君、灶君司命、灶神星君。《周礼》中记"颛顼氏有子曰黎，为祝融，祀以为灶神"，认为灶神是火神祝融。《淮南子·氾论训》认为"炎帝作火而死为灶"。在上古神话中，炎帝与祝融均是火神，他们成为最古老的灶神代表。灶神在民间又被称为灶王爷，此称谓显然是指老年男性，民间木版年画中常见的灶王爷形象，多为长胡须、头戴乌纱帽的老年官吏形象。但最初的灶神亦有女性。《庄子·达生篇》中记："灶神，其状如美女，著赤衣，名髻也。"汉代张奎的道教文献《经说》中有一位"种火之母"，具备"上天言事"的神职："昔登昆仑之山，有一老母独处其中……

是名种火之母，在天则为天帝，在人间乃为司命……又为五帝之灶君，管人住宅，十二时辰善知人间之事，每月朔旦，记人造诸善恶及其功德，录其轻重，夜半奏上天曹，定其簿书，悉是此母也。"唐段成式的《酉阳杂俎》中亦述："灶神名隗，状如美女。"因此民间木版年画中，不光有灶王爷单像，还有与灶王奶奶二人并坐的画像。

奉祭灶神的方式与供品也随着灶神传说情节的多样化而更加丰富。汉时，祀灶以鸡、羊、豕等牺牲为常见。《荆楚岁时记》载："汉阴子方腊日见灶神，以黄犬祀之，谓为'黄羊'。阴氏世蒙其福。"传说汉宣帝时，南阳人阴子芳因在腊日见到一神，以黄狗祭祀，此后发迹且世代蒙福。灶神会打小报告，

河南开封木版年画《四季平安灶》

得罪不得，东晋葛洪在《抱朴子》中述："腊晦之夜，灶神亦上天白人罪状。"所以比户以饴糖祀之，并烧纸马坐轿以供灶王爷交通，这是民众世俗心理的真实映照。

宋时，随着印刷术的发展，人们将灶神形象印刷在纸上，制成可以焚化的"灶祃"。《东京梦华录·十二月》条记："二十四日交年，都人至夜请僧道看经，备酒果送神，烧合家替代钱纸，帖灶马于灶上。以酒糟涂抹灶门，谓之醉司命。"《梦粱录》云："二十四日不以贫富，皆备蔬食饧豆祀灶。"《武林旧事》亦述："祀灶用花饧、米饵及烧替代，及作糖豆粥，谓之'口数'。"

到了明清，祀灶的节物也愈加丰富。"二十三日夕，禁妇女，以糖瓜、南糖、关东糖供神，以草节、料豆、清水供马。初更后揭神像，焚钱粮燃爆竹，送神上天也。"除了供奉水果、糕点、饴糖之外，还会备有凉水一碗、草料一碟，据说是为灶王爷升天的马匹而备，人情世故极为周全，这也体现出灶神被视作"能上天下地、沟通天界与凡世"，可为家宅争取实际利益且极具平民性的保护神。

三、家家净扫迎新吉

"扫尘练日腊三七，细竹长竿风卷疾。岁岁荒村守敝庐，家家净扫迎新吉"。祀灶之后，无论是穷家还是富户均要忙着"除尘"，亦称"除残""扫屋尘""掸尘埃"。家庭大扫除包括净扫庭院、洁净体肤与装饰门庭。有谚云："腊月二十四，掸尘扫房子。腊月二十五，扫房掸尘土；腊月二十七，里外洗一洗，腊月二十八，家什擦一擦；腊月二十九，脏土都搬走。""尘"与"陈"音谐，"除陈布新"，在新春到来之前，将房屋、家具及杂用清洗一新，不仅是去除污秽，更有除旧、送穷、去晦气之意。

相传尧舜时代，净扫就已成为驱邪逐疫的仪式了。《周礼·夏官·戎右》中提及的"赞牛耳桃茢"，就是这样一种兼具净化与驱邪双重象征意义的仪式。

割牛耳取血，再用鬼所畏惧的桃木做把柄，蘸涂牛血，用树枝或荆苕或竹梢扎制的笤帚扫之，以驱除一切不祥。这里的"荝"，是周代对笤帚的别称。《说文》："荝，艻也…桃荝执戈。荝，可扫不祥……荝茇帚也。""艻"指芦菲，"茇"即葦荻，都是制作笤帚的材料。张衡《东京赋》中也有在傩仪中巫觋使用笤帚驱疠的例子："尔乃卒岁大傩，驱除群疠。方相秉钺，巫觋操荝。"

先民很早就认识到尘埃、污秽对身体健康不利。《周书·秘奥造宅经》中就已提到屋宇洁净与卫生的重要性："沟渠通浚，屋宇洁净，无秽气尘埃，不生瘟疫。"净扫门庭、送寒迎春逐渐固化为新年习俗，爱清洁、讲卫生也成为中华民族之美德。如宋吴自牧在《梦粱录》中述："十二月尽……不论大小家，俱洒扫门闾，去尘秽，净庭户……以祈新岁之安。"明袁宏道在《岁时纪异》中记："吴中十二月二十七日扫屋尘，曰'除残'。"清顾禄《清嘉录》亦云："腊将残……去庭户尘秽，或在二十三、二十四及二十七日者，俗呼'打埃尘'。"还有清人蔡云的《吴歈》："茅舍春回事事欢，屋尘收拾号除残。"

先民很早就已掌握了沐浴祛秽的卫生知识，这不仅能强身健体，还能祛病除疫。除岁迎新不光是家居环境净洁，身体与心灵的双重净化也必不可缺，正如谚云："腊月二十六，洗福禄；腊月二十七，洗疚疾；腊月二十八，洗邋遢。"清潘荣升在《帝京岁时记胜·十二月·沐浴》中记："岁暮斋沐，多于廿八日。"江苏常州地区多在腊月二十七日夜浴，"谓洗啾唧，祓除之意也"。为了讨口彩，腊月二十八亦称"洗发达"。

"街街饰彩家家掸，扫尽桃符换对联"。洁净之后的门庭，需要进行迎祥祈吉的年节装饰。明代刘若愚的《酌中志》就详细描述了岁暮时的装饰物："自年前腊月廿四日祭灶之后，宫眷内臣，即穿葫芦景补子及蟒衣……三十日，岁暮，即互相拜祝，名曰'辞旧岁'也。门旁植桃符板、将军炭，贴门神。室内悬挂福神、鬼判、钟馗等画。床上悬挂金银八宝、西番经轮，或编结黄钱如龙。檐楹插芝麻秸，院中焚柏枝柴，名曰'烀岁'。"

元 冷谦 《蓬莱仙弈图》局部（美国弗利尔美术馆藏）

　　这里提及了种种年节装饰：在大门上挂桃符，张贴门神画与春联，以示驱魔镇宅、迎春接福；将军炭，是指用红箩炭末塑制成将军形或仙童、钟馗等，岁暮植于门之两旁，有镇宅辟疫的功效；屋内中堂悬挂福神、喜神、钟馗等节令画，以示应时；床榻上悬挂由金铤、银锭、铜钱、犀角、象牙、珍珠、方胜组成的"金银八宝"、西番经轮，还有黄线编织的钱龙，这些既是财富的象征，又可以厌胜；屋檐下插芝麻秸，喻示着节节高，焚柏枝柴，驱疫免灾；在窗棂上饰团花剪纸，渲染喜庆祥和的节日气氛；在门楣上装饰五彩长笺，寓意长钱富足；案几上摆放岁朝清供，意美延年。

清 姚文瀚《岁朝欢庆图》（台北"故宫博物院"藏）

四、大斗高斟腊味香

"庭罢驱傩戏，门收爆竹盘。酒香添腊味，夜气杂春寒"，又有"浴冠舞童春服盛，秀眉齯齿颂声长。傅山细吐晴霏润，大斗高斟腊味香"，这些诗句形象地指出了腊味所象征的岁序意义。

"腊肉"得名并非是因时令，而是因其制作方式。腊，意指将鲜肉晾晒后再行风干的加工方法，如《周易》云："晞于阳而炀于火，曰腊肉。"这里的"晞"是指在太阳下曝晒，而"炀"是烘烤的意思。早在《周礼》《周易》中，就已有关于"肉脯"和"腊味"的记载，当时朝廷还设有专管臣民纳贡肉脯的机构和官史。如《周礼·天官》中的"腊人"，就专门"掌干肉，凡田兽之脯腊朊胖之事"。

汉代刘熙《释名·释饮食》中对"腊"与"脯"做了区分："腊言干腊也。脯，搏也，干燥相搏著也。又曰修，修，缩也，干燥而缩也。"脯是又干又长、肉质紧缩的肉条。一条干肉，古人称为"一脡"，十脡是"一束"，名之曰"束脩"。作为特别的腊味，束脩从某种意义上来说已不再是满足口腹之欲的食物了，而是仪礼的象征物，多指学生赠给老师的作为学费或聘礼的成束的干肉。如《论语·述而》中孔子说："自行束脩以上，吾未尝无诲焉。"作为学费，诸生与皇子给予拜师的束脩只是数量上的差异。如《唐六典》中写道："国子生初入，置束帛一篚，酒一壶，脩一案，为束脩之礼。"而《开元礼》中载："皇子束脩，束帛一篚五匹，酒一壶二斗，脩一案三脡。"

汉代以前的史料中，记载了多种脯与腊制品的名称，但对加工方法一直未有详尽的记录。直到魏晋南北朝时期，北魏的贾思勰撰著了《齐民要术》一书，其中有"脯腊"专章，共记录了6大类约35种脯腊的制作方法，这是我国首次关于古代脯腊制作技艺的系统、详细的记录。其中，"五味腊法""作脆腊法"所使用的原料，包括鹅、雁、鸡、鸭、鸧、凫、雉、兔、鹌鹑等，均为家禽和一些常见的野禽。此外，还有被贾思勰称为"作浥鱼法"的腊制方法，他称所有鱼种都可以加工为"浥鱼"。这些宝贵的记述为研究古代脯腊制作与历史沿革等，提供了颇具价值的文献资料。

腊味在宋代时已在民间被广泛食用。宋代陈元靓在《岁时广记·煮腊肉》中写道："去岁腊月糟豚肉挂灶上，至寒食取以啖之，或蒸或煮，其味甚珍。"孟元老的《东京梦华录》也记载了在都城汴京的饮食店铺和贩摊上均有腊肉出售，并以东华门外魏氏作造为最佳。擅长美味的苏轼在《物类相感志》中说了烹制腊肉的秘方："用酒脚醋煮肉红，酒调则味甜。"明人杨慎在《丹铅总录》中亦记述道腊肉一定要"经腊而成"。

腊味是过去普通人家应付冬季食物匮乏最有效的食物，如今成为中国广大地区春节期间最受欢迎的菜品，如川式、广式腊肠，湖南烟熏腊肉，安徽腊鸭，江西腊鱼等，类目繁多，风味各异。制作时正值天寒地冻，鲜肉不易腐坏，也不易滋生蚊蝇。取原料洗净后加入食盐、胡椒等调味品，腌渍后晾晒，日晒夜收，待脂肪流出后即成。腌晒好的腊味在年节期间招待探访的亲友一起享用，这道契合了时间、温度、湿度的风味，添加了亲情的守望，成为年节中最动人的那份情愫和抹不去的乡愁。

腊酒佐以腊味，不仅是特有的年节风物，更是传统田园乡居生活的意象表征，故而为中国文学田园诗派所追慕。如陆游名句"莫笑农家腊酒浑，丰年留客足鸡豚。箫鼓追随春社近，衣冠简朴古风存"，"年丰赛神毕，腊酒互相送"说的是赛神祭祀后，邻里亲朋间相互馈赠腊酒以示问候，是淳朴古风的遗存。而元人刘诜的这首《山村腊酒》："青峰抱田溪绕门，茅屋数十连炊烟。水春香秫簸白玉，槽压新酿鸣红泉。黄鸡肥甗更钱岁，但取饱醉不作筵。城中争学比官饭，官酿苦薄空费钱。"从青峰、溪流、田舍等宜人景色引入，对农家以丰收的稻米酿制腊酒，以家养的肥美禽畜作席颇为赞美，在迎接新年的欢愉气息扑面而来的同时，又不忘揶揄一下官饭官酿，饶有意趣。

有关腊酒的酿制方法，唐代韩鄂在《四时纂要·冬令》中有详细描述："腊日，取水一石，置不津（渗漏）器中，浸曲末三斗，便下四斗米饭，至来年正月十五日，又下三斗米饭，又至二月二日，又下三斗米，至四月二十八日外开之。其瓮露着，不用穰草，则三伏停之，不败。"明代高濂的《遵生八笺·饮馔服食笺》则记述了别样的酿制方法："用糯米二石，水与酵二百斤，足秤；白曲四十斤，足秤；酸饭二斗，或用米二斗起酵。其味浓而辣，正腊中造。"无论配方如何，最为重要的是腊日酿制，才能具备神圣性。

腊酒虽是农家自酿的米酒，简陋又浑浊，却如名酒般被历代诗人追捧。如唐代岑参的"玉瓶素蚁腊酒香，金鞍白马紫游缰"，宋代刘过的"藓花似雪玲珑白，腊酒如春琥珀浓"，明代汤显祖的"今冬寒多忽作暖，羊脂腊酒青磁碗"，他们描写的腊酒颜色为浊白，如羊脂白玉般可爱。最重要的是腊酒一饮就是迎春的信号，如宋代李处全的"杯酌犹倾腊酒，漏箭已传春夜，何处不歌呼"，明代李梦阳的"辞腊酒怜比舍馈，迎春花欲上阶明"等。最妙的诗句莫过于"腊酒饮未尽，春衫缝已成"。腊酒制成春已至，饮酒之时着春衫，杯中斟满的是对新春的期冀与对幸福生活的憧憬，杯中饮下的正是

明 李士达《岁朝村庆图》（故宫博物院藏）

那份春意暖暖与人情味浓吧！

五、结　语

"一夜腊寒随漏尽，十分春色破朝来"。从备制年货、净扫门户、装饰庭院再到欢聚团圆，从腊月初一持续到除夕别岁，实现新旧交替，可以说整个腊月都是那么忙碌、辛劳且充实。对于远在他乡的旅人和游子而言，腊月的味道是甘甜醇香的，腊月的色彩是缤纷热闹的，腊月的情感是温暖急切的。腊八傩、腊日鼓、晒腊味、酿腊酒，腊月以丰富的节日符号和仪式体系，超越时空传递着人间情愫的美好，饱含着热爱生命、追求健康、敬祖孝先、贵和尚美的传统美德，是中华民族文化品格的真实写照与民俗情感的凝结。腊月，被视作年岁的总结，却更似亲情的驿站，是我们终将回去的故乡，催向新春的奔赴！

慶賞元宵

正月春节

自唱新词送岁华

"小孩、小孩你别馋，过了腊八就是年。腊八粥，喝几天，哩哩啦啦二十三。二十三，糖瓜粘；二十四，扫房子；二十五，炸豆腐；二十六，炖猪肉；二十七，杀公鸡；二十八，把面发；二十九，蒸馒头；三十儿晚上坐一宿；大年初一扭一扭。"在朗朗上口的童谣里，一年光景之中最重要的除夕，将以"除岁迎新"的主题完成岁时的转换、过渡与新的开始。

《礼记》云："亲亲故尊祖，尊祖故敬宗。"传统中国是一个以宗法血缘为基础的家邦式国家，"家国同构""仁义"与"孝悌"是中华民族传统道德的核心。每个家庭都在欢度春节，春节中所有重要的仪式，对于家国意识的建构非同寻常，在对儿童正确人生观、价值观的蒙正培养，中华优秀传统美德的代际传承中，历经千百年来持续发挥着强有力的作用。

一、千家笑语漏迟迟

"先贴门神次挂钱，洒金红纸写春联"。在迎接新春的喜悦里，大年三十这一天以营造整洁喜庆的环境来迎接崭新的一年，因此贴年画、贴对联、贴福字，这些别具雅致韵味和喜庆情趣的年节习俗成为新春的标识。《燕京岁时记》云："春联者，古之桃符也。""新年纳余庆，嘉节号长春"据说是中国最古老的一副春联。春联以工整、对仗、简洁、精巧的文字智慧，集优美的语音、潇洒的书法字形以及深刻的寓意于一体，借助春联可抒发人们辞旧迎新的情怀，以及对新春的祝福。而年画，蕴含着丰富的历史、信仰、戏曲、神话、时事及民俗生活内容，更是春节不可或缺的节日要素，不仅是年节优美的点缀，更是千百年来中国传统社会道德教化、审美传播、信仰传承的载体与工具。

春节，家家户户举家团圆，是一年中最热闹、欢愉的时刻。《清嘉录》记载："除夕夜，家庭举宴，长幼咸集，多作吉祥语，名曰'年夜饭'。"大年夜，无论回家路途多么遥远，分散各地的家庭成员一定会回到家中，团聚在父母的身旁。在这格外温馨而甜蜜的时空里，桌子上摆满丰盛的年菜，阖家团聚，共吃团圆饭，充满了幸福与祥和。年夜饭上的菜肴不仅美味，更被赋予了各种彩头，如必不可少的鱼，取"余"的谐音，象征吉庆有余；蔬菜中的萝卜俗称"菜头"，祝愿有好彩头；生菜是"生财"，讨个吉利的口彩；其他诸如枣（春来早）、柿饼（事事如意）、杏仁（幸福人）、长生果（健康长寿）、年糕（年年高）等，皆是如此。人们既享受满桌的佳肴盛馔，也感受着团圆的满足，总结一年收获的快乐，也为即将来到的新年献上祝福。

年夜饭之后，全家人要叙旧话新，通宵不眠，守岁至午夜十二点新年的钟声敲响，民间称之为"熬百岁"。"一夜连双岁，五更分二年"形象地展现了新旧交替、岁华更新的规律。《清嘉录·守岁》条记述道："家人围炉团坐，小儿嬉戏，通夕不眠，谓之守岁。"在守岁的过程中，告别旧的一年，令人生发出岁月惜别的留恋之情，同时新的一年即将来临，又让人充满无限憧憬。苏轼的《守岁》对生命常新的周期提出寄望："明年岂无年，心事恐蹉跎；努力尽今夕，少年犹可夸！"除夕守岁的习俗体现的正式中华民族热

清 吴友如 《画宝·爆竹生花》和《画宝·浦滨春早》 （上海书店出版社）

爱生命、珍惜光阴的人生哲学。家中长辈还会拿出"压岁钱"，为家中幼小的成员"压胜""压祟"，这些带有攘灾避疫、庇护健康成长寓意的祝福，体现的是长辈对于幼辈的关爱，是中国浓厚人伦亲情的体现。

二、春风送暖入屠苏

初一早上的祭祖是重要的核心仪式。东汉崔寔的《四民月令》中记载："正月之朔，是为正日。躬率妻孥，洁祀祖祢。及祀日，进酒降神毕，乃家室尊卑，无大无小，以次列于先祖之前，子妇曾孙，各上椒酒于家长，称觞举寿，欣欣如也。"这里描写的就是正月初一祭祖的场面，中国大部分地区至今仍保留着这一重要的年节仪式。将祖先牌位供于正位，摆上供品、香烛等，家中长幼逐一进行叩拜。这一方面，源于"百善孝为先"和"慎终追远"的传统观念，在辞旧迎新之际对祖宗先辈表示孝敬之意和表达怀念之情；另一方面，是因为人们深信祖先神灵可以保佑子孙后代兴旺。正是有了对先辈的敬重与追思，才会有对生命的敬畏，对时间的珍惜，才能将中华民族敬天法祖、忠孝传家的民族美德传承下去。

孝先敬老，饮屠苏酒。屠苏酒的配方和调制方法是取菝葜、桂心、防风、蜀椒、桔梗、大黄、乌头、赤豆等，于除夕夜用绛红色纱布袋包裹，用绳子悬挂置入井水中，元日取出药袋与酒共煮，沸后便可饮用。随后将药渣投入井中，可以防疫病，保护水源。古时饮屠苏酒有一种规矩，即年幼者先饮，年长者后饮。《荆楚岁时记》载："正月一日是三元之日，长幼悉正衣冠以次拜贺。正月饮酒，先小者；以小者得岁，先酒贺之，老者失岁，故后与酒。"

至于元日屠苏酒的饮法，一般都按自少至长的次序饮之，即晋人董勋在《时镜新书》中所描述的"少者得岁，故先酒贺之；老者失时，故后饮酒"。对此，孙真人《屠苏饮论》还有一段形象的描绘："顷时，捧杯咒之曰：'一人饮之，一家无疾；一家饮之，一里无病。'先少后长，东向进饮。取其悬之中门，以避瘟气；三日外，弃于井中。"而白居易的《岁假内命酒》"岁酒先粘辞不得，被君推作少年人"，苏轼的《除夜野宿常州城外》"但把穷愁博长健，不辞最后饮屠苏"，苏辙的《除日》"年年最后饮屠苏，不觉年来七十余"，正是古代饮屠苏酒的真实写照。宋元以降，饮屠苏酒之俗渐不为人所重，终至失传。

"大年初一，出门拜年"。拜年又称走春、探春，是春节敦亲睦邻的古老传统。明代陆容在《菽园记》中写道："京师元旦后，上自朝官，下至庶人，往来交错。道路者连日，谓之'拜年'。"开门放炮仗之后，即由家长带领小辈出门谒见亲戚、朋友、尊长，以吉祥语向对方祝颂新年，卑幼者必须叩头致礼。主人家则以点心、糖食、红包热情款待。祭祖与拜年，体现的正是中国人重视纵向和横向两种社会关系的伦理价值观念。此外，大年初一还有许多禁忌，譬如不能动用扫帚、刀剪等，否则会扫走运气、破财。

初一到初六是六畜之日。自秦汉以来，传统的看法是正月初一为鸡日，初二为狗日，初三为猪日，初四为羊日，初五为牛日，初六为马日，初七为人日。传说这是因为女娲创造万物生灵的时候，先造的六畜，后造的人。其中，颇为有趣的是正月初三是"老鼠嫁女"日，深夜不点灯，要早早休息，不能惊扰到老鼠嫁女的喜事。如果惊扰了老鼠嫁女儿，老鼠就要祸害一年的收成，

民间木版年画《老鼠娶亲》

因此人们要采用庆贺的方式把鼠类送出门，以免家中将来遭受鼠患。

大年初四，要接灶王爷回夜，以备灶王爷点查户口，所以家家户户都要守在家里，因此不宜远出，并要准备丰富的果品，焚香点烛，施放鞭炮，以示恭迎。

大年初五又称"破五"，之前诸多禁忌至此就结束了。而对于商家来说，初五是个重要的日子，要恭迎五路财神，祭祀利市仙官，以求开市大吉，在招幌上挂红，祈求一年财源广进。

初五把财神迎进门，初六就要送走穷神。送穷神这一天，要在家里面进行大扫除，扫出来的垃圾，还有没用的破衣服等要全部扔掉。正月初六"送穷"，是我国古代民间一种很有特色的岁时风俗，其意是祭送穷鬼、穷神。唐代大文学家韩愈有《送穷文》。唐代诗人姚合写有诗《晦日送穷三首》，其中第一首云："年年到此日，沥酒拜街中。万户千门看，无人不送穷。"

大年初七称"人胜节""人庆节""人口日""人七日"等。传说女娲初创世于第七天造出了人，所以这一天是人类的生日。汉朝开始有人日节俗，魏晋后开始重视。古代人日有戴"人胜"的习俗，"人胜"是一种头饰。"人日"要为人过生日，会采用七种蔬菜，煮成七宝羹或杂菜汤，祈望来年大丰收。

正月初八为众星下界之日，要制小灯燃而祭之，称为顺星，也称"祭星""接星"。依照道教和星象家的说法，每人每年都有一位值年星宿，也叫"流年照命星宿"（日、月、水、火、木、金、土、罗候、计都九星轮流值年照命）。人一年的命运如何，完全由这位值年星宿决定，而每年正月初八为诸星君聚会之期，传为"诸星下界"之日，故在这天祭祀星君（即顺星），便有可能获得星君的垂佑。因此，人们在初八去道观星神殿烧香顺星，并在晚间天上星斗出齐后，举行一个顺星的祭祀仪式。

正月初九是天日，俗称"天公生"，传说此日为玉皇大帝生日，每逢玉皇大帝的生日，人们都会举行祭典以表庆贺，道教和民间主要习俗有祭玉皇、道观斋天等。有些地方，天日时，妇女备清香花烛、斋碗，摆在天井巷口等露天地方膜拜苍天，求天公赐福。

正月初十是石头的生日，故称"石不动""十不动"。这一天凡磨、碾等石制工具都不能动，甚至还会设祭享祀石头，恐伤庄稼。河南的风俗是这一日家家向石头焚香致敬。在山东郓城等地有抬石头神之举。初九夜，人们将一瓦罐冻结在一块平滑的大石头上，由十个小伙子或十个小姑娘轮流抬着瓦罐走，石头不落地则预示着当年丰收。

正月十一日，俗称"请紫姑日"。最早记载"紫姑"的文献是南朝宋人刘敬叔的《异苑》。传说紫姑是人家的小妾，遭原配嫉妒，在正月十五这天被害死在厕所里，天帝怜悯，封她为厕神。但民间敬奉紫姑并非因为她是厕神，而是紫姑代表了深受压迫的女性，人们把她奉为弱女子的保护神。同时正月十一还是"子婿日"，是岳父宴请女婿的日子。初九庆祝"天公生日"剩下的食物，在初十吃了一天外，还剩下很多，所以娘家不必再破费，就利用这些剩下的美食招待女婿及女儿，民歌称为"十一请子婿"。

童谣云："十一嚷喳喳，十二搭灯棚，十三人开灯，十四灯正明，十五

民间木版年画《庆赏元宵》

行月半，十六人完灯。"此时元宵节将近，元宵赏灯的准备工作不容忽视。民间俗称"正月十二搭灯棚"，家家购买灯笼，搭灯棚、张灯结彩。在古村落里，灯会的管事人即从这一天开始召集全村的能工巧匠和青壮年扎灯、抬灯、舞灯，为元宵的盛大行灯仪式做好各种准备。

三、东风夜放花千树

（一）元宵观灯

元宵，又称元夕，元为"首"，宵为"夜"，取新年第一个月圆之夜，新年新月诞生之意。作为春节终结点的元宵节，同时又被赋予了"启新"的含义，"一元复始"标志着新的一轮生产、生活终于拉开了帷幕。在元宵这样一个举国同庆、欢乐祥和的节日里，人们身着彩服，一路鱼龙踏歌以欢，花灯烟树，演乐齐奏，喜乐无限。

元宵张灯的习俗至少可追溯至汉代。《史记·天官书》记载："汉家祀太一，以昏时祠到明，今人正月望日夜游观灯，是其遗事。"正月十五月圆，万民同祀，用烛火从天黑祭祀太一直到天亮，由此可见元宵灯会中火神崇拜与烛光祭祀守夜之古俗遗存。

元宵节处处张灯结彩，猜灯谜是重要的益智游乐活动。在猜灯谜之前，我们可追溯另一个更为古老的"藏弭"之戏。藏弭亦作"钩"，是一种古老的猜度游戏，参赛者分为两组，其中一组将玉钩、银钩或其他小物件藏在一人手中，由另一组猜是藏于谁手中，猜中者胜出。汉代辛氏在《三秦记》中写道："昭帝母钩弋夫人，手拳而有国色，先帝宠之。世人藏钩法此也。"人们遂发明了藏钩游戏，这一游戏逐渐在宫廷和民间流传开来，并深受老人和儿童的喜爱。

还有另一种猜度游戏"射覆"，是将东西覆盖起来，然后让另一人进行猜度。射覆可分为原始射覆和文字射覆：原始射覆，就是用盆罐、大碗之类的东西去遮盖扇子、砚台等日常用品，再让人猜；文字射覆，是指猜度典故和句子后面所隐藏的文字，猜灯谜就是文字射覆。刘勰在《文心雕龙·谐隐》

民间木版年画《新年多吉庆》

中曾这样描述："谜也者，回互其辞，使昏迷也。或体目文字，或图象品物。纤巧以弄思，浅察以衔辞。"元宵灯谜，融趣味性和知识性于一炉，上至天文，下至地理，经史子集，包罗万象，没有一定的文化素养，是很难解得谜底的。猜灯谜时奥妙诙谐，不仅可以增长知识、抒情遣兴，更能锻炼思维、启发心智。

"三十的火，十五的灯"。随着元宵佳节的临近，赏灯成为必不可少的节日行程。"上海豫园春节民俗艺术灯会"早于 2011 年就已列入国家级非遗名录，成为长三角地区知名度最高、影响力最大、年味最浓的一项春节活动。九曲桥上走一遭，赏灯、踏月、走三桥等旧时习俗得以再现。

清末民初文人朱文柄的《竹枝词》中对上海旧时灯会人山人海的场面这样描述道："上月灯节月华新，走罢三桥接灶神。十里珠帘都不卷，看灯人看看灯人。"沪上灯会以正月十三日为上灯日，其间有"出灯""聚灯""行街""迎灯""赛灯""谢灯"等各环节，直至正月十八落灯日。行街时举行的"文灯"和"武灯"表演极为热闹。而最为民众所熟悉的走三桥则具有迎祥纳福的意味，最负盛名的三桥是指"小东门的益庆桥、天官牌坊南的长生桥、邑庙东的如意桥"，取"益庆、长生、如意、吉祥"之义。

沪上种类繁多的彩灯也别具风貌，如清人张春华《沪城岁事衢歌》中描写的滚灯："艳说年丰五谷登，龙蟠九节彩云蒸，譬如声诵惊涛沸，火树千条枪滚灯。"还有伞灯："日夜笙箫步绿尘，珠帘垂处小楼凭。吴绫输与谈笺纸，妙擅江郎称伞灯。"民国时期李林松在《申江竹枝词》中提到的采茶灯："桃符爆竹一年新，佳节元宵得未曾。尽力争奇无别事，侬家扎得采茶灯。"龙湫旧隐（葛其龙）《申江元夜踏灯词》中的走马灯："雕栏画槛影影层层，儿女争看走马灯。闻说庙园花样好，金钱买得价频增。"。这些历史上曾流光溢彩的灯，虽然随着城镇化高速发展，已于当代都市生活中渐渐失落，而在《竹枝词》中被娓娓道来，仿佛再次于眼前被一一点亮，映照出张张笑靥，熠熠生辉。

（二）月下踏歌

月下踏歌，是另一种与月圆相关的庆贺歌舞及群众娱乐活动。踏歌，《资治通鉴》注为"连手而歌，踏地以节"，是一种以足踏地为节、边歌边舞的群众性表演形式。《中国音乐词典》将其定义为"汉唐间的风俗性歌舞，古代宫廷与民间皆有"。踏歌的特点是以踏步来加强歌拍，反复歌唱一调，或以鼓乐伴奏协调，唱起来朗朗上口。而踏歌的动作，只须踏在歌拍上即可，易学易记，方便聚集的人群共同舞蹈。史料中记载，踏歌多在上元、中元、中秋等月圆时节进行，自宫廷到乡野，月下夜游踏歌甚为普遍。如《隋书·五行志》所述："北周时周宣帝与宫人夜中连臂踏蹀而歌，把烛夜行游。"

至唐代，踏歌成为宫廷歌舞，出现了"缭踏歌""踏金莲""踏歌辞"等著名的乐舞。国家会在上元等节日举行大规模的踏歌欢庆活动，以示君民无间，天下同乐。唐张鹭《朝野金载》卷三载："睿宗先天二年正月十五、十六夜，于京师安福门外作灯轮，高二十丈，衣以锦绮，饰以金玉，燃五万盏灯，簇之如花树。宫女千数，衣罗绮，曳锦绣，耀珠翠，施香粉……妙简长安、万年少女妇千余人……于灯轮下踏歌三日夜，欢乐之极，未始有之。"敦煌莫高窟220窟北壁《东方药师净土变》也描绘了一幅灯乐之下的宴乐壁画，再现了唐代宫廷乐舞的盛大场景：高大的灯楼耸立于中央，舞人排列两旁踏地而舞，两株灯树分立，彩灯满缀，形象地印证了史籍中对唐宫廷灯会踏歌情形的描述。

宋以降，大多传统节日节俗固定下来，每逢元宵、中秋等节日，从宫廷至民间都要举行盛大的踏歌活动。孟元老《东京梦华录》"宰执亲王宗室百官入内上寿"条，记载了皇帝寿宴上的情景："第八盏御酒，歌板色，一名唱踏歌。"而"夜宿桃花村，踏歌接天晓"反映的则是乡野村民彻夜踏歌的欢快情景，踏歌成为与节日相伴的群众自娱活动。宋马远的《踏歌图》中，绘有四位老人在蜿蜒山路上踏地而歌，上有宋宁宗题诗："宿雨清畿甸，朝阳丽帝城。丰年人乐业，垄上踏歌行。"

史籍中描绘的盛大灯会与民众齐欢的踏歌在上海仍可惊鸿一瞥，尤以清至民国最为精彩。由于社会背景的转换，大量对沪上城厢生活、风土人情与节日节俗变迁的记载，在《竹枝词》的创作中被保留下来，我们才能看到一派浓郁的海上元宵风情图景。

如清乾隆时期沪人李行南的《申江竹枝词》："元宵锣鼓镇喧腾，荠菜香中粉饵蒸。祭得灶君同踏月，爆花飞接竹枝灯。"这里不仅描写了沪上元宵锣鼓喧天、爆仗齐鸣的热闹场景，更有祭祀灶君、在新月下踏歌而起的节俗活动，并且还提到了地方上用荠菜做糍团（圆子）蒸食的方法，如今浦东的浦江、三林地区还保留着这样的食俗。《竹枝词》中对元宵食俗与灯俗的描写，寄托了沪上民众对圆满幸福生活的期冀。

民国时期龙湫旧隐（葛其龙）在《申江元夜踏灯词》中也描绘了元宵月下，于申江畔踏歌的情境："满天灿烂散流星，禁弛金吾玉漏停。坠翠遗珠浑不觉，踏歌齐上水心亭。"这首"豫园花会更翻新，士女嬉游到点春。行过湖心桥路窄，碰头偏逢意中人"的《竹枝词》，则通过生动入微的行为描写，将青年人寻觅意中人的浪漫气氛呈现得淋漓尽致。民间哥仔戏中的陈三和五娘是在元宵节赏花灯时一见钟情的，《春灯谜》中的宇文彦和影娘也是在元宵灯会上私订终身的，更有乐昌公主与徐德言在元宵夜的重逢，让"破镜重圆"成为千古佳话。

清乾隆华亭人陈金浩在《松江衢歌》里，描写了元宵踏月与走三桥的习俗。"元宵踏月闹春街，同走三桥笑堕钗，一路看灯归去晚，却嫌露湿牡丹鞋。"旧时女子平时身居闺房，但会借元宵观灯之名结伴出行，走三桥，去百病，一曰太平，一曰吉利，一曰安乐。

"谁家见月能闲坐，何处闻灯不看来。"熙熙攘攘的赏灯人于彩灯中交错脚步，元宵踏歌的鼓点与节奏似乎正从千年前的汉唐径直穿越而来。那美丽高大的灯轮，一树树的繁花，齐力欢快的踏歌，每一幅鲜活的画面，都值得用最美的诗篇去描写。元夕，让我们在温暖的万家灯火中感受国泰民安的盛世祥和，灯火灿烂的中国梦也必将实现。

四、结　语

"岁阴穷暮纪，献节启新芳。冬尽今宵促，年开明日长"。年复一年，周而复始。春节被视作新旧转换的时间过程，民众在这一特殊的"时间阈限"中，体察宇宙转换的韵律节奏，体悟万物的气韵生机与天地境界的真意。贯穿春节民俗事象背后的，是国人的时间意识与生命意识。佳节有序，生命不息。春节蕴含着敬祖孝先、贵和尚美、惜时奋进的传统美德与民族情感，春节以其时间跨度之长、习俗之丰富、意涵之深厚而被列为中国传统节日之首。

中国节日文化博大精深，它们是中华民族五千年创造与传承的物质文明和精神文明的总和。传统节日中最深层次的至善至美的伦理道德、意蕴深邃的古老哲学、文明悠久的历史形态、群星闪耀的杰出人物等，更充分显示了中华民族厚重的文化底蕴和强大的民族凝聚力。节日是当之无愧的宝贵的中国文化遗产。

参考文献

[1]《诗经》，岳麓书社，2021年。

[2]《周礼》，中华书局，2014年。

[3]《论语》，中华书局，2006年。

[4][战国]屈原著《楚辞》，中华书局，2019年。

[5]吕不韦编著《吕氏春秋》，中华书局，2007年。

[6]戴圣编著《礼记》，西安交通大学出版社，2013年。

[7]许慎编著《说文解记》，中国书店出版社，1989年。

[8]司马迁编著《史记》，吉林大学出版社，2015年。

[9]刘向、刘歆编著《山海经》，北京联合出版公司，2017年。

[10]刘安编著《淮南子》，商务印书馆，2022年。

[11]应劭编著《风俗通义》，中华书局，2021年。

[12]班固编著《汉书艺文志》，商务印书馆，1957年。

[13]刘昫编著《旧唐书》，现代教育出版社，2011年。

[14]杜预编著《春秋左传正义》，上海古籍出版社，1990年。

[15]崔豹编著《古今注》，辽宁教育出版社，1998年。

[16]葛洪编著《西京杂记》，中国书店出版社，2019年。

[17]张华编著《博物志》，华文出版社，2018年。

[18]宗懔编著《荆楚岁时记》，中华书局，2018年。

[19]范晔编著《后汉书》，中华书局，1965年。

[20]杜台卿编著《玉烛宝典》，华东师范大学出版社，2017年。

[21]韩鄂编著《四时纂要》，中医古籍出版社，2022年。

[22]韩鄂编著《岁华纪丽》，齐鲁书社，1995年。

[23]孔颖达等撰《春秋左传正义》，上海古籍出版社，1990年。

[24]孔颖达等撰《尚书》，中华书局，1999年。

[25]孟诜编著《食疗本草》，中华书局，2011年。

[26]段成式编著《酉阳杂俎》，中华书局，2017年。

[27]陶谷编著《清异录》，中国商业出版社，2021年。

[28]李昉编著《太平御览》，河北教育出版社，1994年。

[29]刘恕编著《通鉴外纪》，上海书店，1989年。

[30]孟元老编著《东京梦华录》，中国商业出版社，1982年。

[31]陈元靓编著《岁时广记》，中华书局，2020年。

[32]高承编著《事物纪原》，中华书局，1989年。

[33]周密编著《武林旧事》，中国商业出版社，1982年。

[34]周密编著《乾淳岁时记》，北方文艺出版社，2021年。

[35]吴自牧编著《梦粱录》，三秦出版社，2004年。

[36]李昉编著《太平广记》，上海古籍出版社，1990年。

[37]王祯编著《农书》，浙江人民美术出版社，2015年。

[38]吴澄编著《月令七十二候集解》，齐鲁书社，1997年。

[39]李时珍编著《本草纲目》，上海科学技术出版社，1993年。

[40]高濂编著《遵生八笺》，黄山书社，2010年。

[41]宋应星编著《天工开物》，上海古籍出版社，2013年。

[42]彭大翼编著《山堂肆考》，上海古籍出版社，1992年。

[43]王象晋编著《群芳谱》，学苑出版社，2020年。

[44]谢肇淛编著《五杂俎》，中华书局，2021年。

[45]刘侗、于奕正编撰《帝景物略》，上海古籍出版社，2001年。

[46]田汝成编著《西湖游览志余》，东方出版社，2012年。

[47]王阳明编著《传习录》，中州古籍出版社，2008年。

[48]佚名编著《三教源流搜神大全》，中华书局，2019年。

[49]刘侗等编著《帝京景物略》，上海古籍出版社，2001年。

[50]刘若愚编著《酌中志》，北京出版社，2018年。

[51]方岳贡修，陈继儒纂，崇祯《松江府志》，书目文献出版社，1991年。

[52]富察敦崇编著《燕京岁时记》，北京古籍出版社，1981年。

[53]张英、王士禛编著《渊鉴类函》，上海古籍出版社，2008年。

[54]顾禄编著《清嘉录》，江苏古籍出版社，1999年。

[55]潘荣陛编著《帝京岁时纪胜》，北京古籍出版社，1982年。

[56]《全唐诗》，上海古籍出版社，1986年。

[57]唐圭璋编著《全宋词》，中华书局，2018年。

[58]闫艳、曹辛华等编著《节日时令通俗文献汇编》，燕山出版社，2019年。

[59]潘超、丘良任、孙忠铨等编著《中华竹枝词全编》，北京出版社，2007年。

[60]顾炳权编著《上海历代竹枝词》，上海书店出版社，2018年。

[61]《中国地方志民俗资料汇编》，书目文献出版社，1995年。

[62]《中国地方志集成·上海府县志辑》，上海古籍出版社，1986年。

[63]钟敬文编著《民俗学概论》，上海文艺出版社，2009年。

[64]乌丙安编著《中国风俗辞典》，上海辞书出版社，1990年。

[65]田兆元编著《神话与中国社会》，上海人民出版社，1999年。

[66]萧放编著《岁时——传统中国民众的时间生活》，中华书局，2002年。

后记

一年好景君须记

　　我的所有的年节记忆，均来自我的祖父母和我的父母。对于每个大大小小的节日，他们都是如此严谨、虔诚、有条不紊地按照时间、方位、长幼、次序来安排仪式的每一个环节。春节更是全体家庭成员参与。一入腊月，外祖母就要开始忙碌了，采买、晾晒、制作……年味早早便开始酝酿。记忆中，有烧得旺旺的灶台、烹煮肉类的香气、各种红红绿绿的南货糖果，直到除夕鞭炮声响起，十几口人围聚在圆桌前共享家宴，孩子们整夜地守岁直到眼皮子打架，抱着枕边第二天要穿的新衣，想着醒来后就有的压岁钱，这才美美地睡去……

　　长大后，岁时节日概念就是一定要从求学地和工作地回家，回到父母身边，与亲友们相聚。彼时，对四时八节还没有清晰的概念，但知道立春一定要摆放青菜豆腐，这是清白人家；立夏一定要挂五色蛋袋，为了不疰夏；立秋要晾晒谷物，酬秋晒秋庆丰年；立冬要打麻糍粿，与邻里分享。这些让我懂得了四时有序。正月拎着礼物拜年走亲戚，人情越走越亲；清明一定要给先祖上坟，这是家族凝聚；端午一定要去丰溪河看赛龙舟，手腕还要系上五彩丝线，这是祛恶迎祥；中秋一定要吃月饼赏月，听月中仙子的故事；冬至一定要烧金箔纸。这些让我铭记亲情血缘……节日周而复始，让孩提时代的我心中既充满欢愉，又生发出对禁忌的种种敬畏，所谓的"仪式感"大约就是从节日生活的点滴中建立起来的。

在青春岁月里，节日、戏曲、诗词文学成为我的审美启蒙。我出生在赣剧之家，从小在剧团长大。16世纪中国杰出的戏曲家汤显祖的"临川四梦"——《牡丹亭》《紫钗记》《邯郸记》《南柯记》，曾被父亲所在的剧团排演，并获得了文化部的最高戏曲奖项。在《紫钗记》中，汤显祖将剧中男女主人公的曲折爱情故事，嵌入一个个瑰丽浪漫的节日里，节日、生活、仪礼交织映衬，将缠绵俳恻的人间情愫展现得淋漓尽致。

例如，女主人公霍小玉在立春日行笄礼，俗称"上头"，这是女性的成人礼；元宵节观灯，小玉发上的紫钗被梅枝挂住，后被男主人公李益拾得，二人一见钟情；花朝日佳偶天成，二人终成眷属；然而寒食节，是他们生生离别的日子；在七夕的星河之下，两人"一处相思，两处闲愁"，辗转难眠；八月仲秋，李益与众将士望乡怀思，月圆人不圆；暮秋的重阳，则是小玉为远征的心上人置办寒衣的时辰。《紫钗记》几乎动用了一年中所有的节日，这是剧情发展的时空背景，将节日仪礼与生命、与爱恨、与离别、与喜怒哀乐的人之情欲相结合。节日不仅是时间的节点，更是人生的节点，是一种生命意义上的文化标识，节日成就了触动人心的东方戏曲审美。

从事民俗学研究以来，我重新审度了自己儿时的节日记忆，成长中积累的节日知识与经验。如果说工作日于民众而言是为了生计，我们需要努力从事某项工作，以实现生活实用的目的和价值，那么休息日就是恢复体力和精力的间隙。而节日，则是与墨守成规的生活方式不同的一种非常状态。种种集体的逾制行为，折射出节日固有的神圣性、公共性与文化性，尤其是节日中的仪式。德国心理学家洛蕾利斯·辛格霍夫认为，仪式是不断重复的行为，在此过程中固定了情感，构造了生命中的过渡，为人与人之间创造关联并建

后记

立联系；仪式关乎美好、感恩、意义和珍惜，建构认同与传递意义，使我们可以面向未来，是支撑心灵的强大力量。

节日的精神与内涵即是关乎美好、感恩、意义和珍惜的，这是我的切身体会。民俗学家萧放曾提出："岁时是中国人创造的时间分隔的独特方式，岁时观念体现了传统中国人对时间的特殊体验。"中国岁时文化的核心观念是人与自然时序的对应，不逆天时，顺时而动，是中国人基本的时间态度。四季时间是一个生命机体，有生、长、衰、亡四种不同的性质，四季时间会循环转化。

法国人类学家阿诺德·范·吉纳普曾提出"通过仪式"（Rites de Passage）这一概念，亦称"过渡礼仪""生命礼仪"。"通过仪式"是伴随着每一次地点、状况、社会地位以及年龄的改变而举行的仪式，任何社会中的个人生活都是随着年龄的增长从一个阶段向另一个阶段过渡的序列。通过仪式的举行并不仅限于文化规定的生命转折，它还可以伴随从一种状态转向另一种状态时所发生的任何变化，节日庆典即为一种典型的通过仪式，人生礼仪也是如此。

在遗产时代，节日已成为人类非遗五大类型中最具代表性的一类。节日遗产涵盖了其他几类，如口头文化、地方知识、社会关系、节庆仪式、传统工艺、审美风格、宇宙观等，形成了一个约定俗成的节日社会系统。中国的传统节日于历史演进中形成与发展，承载着深厚的文化内涵与精神价值，是中国民众精神信仰、审美情趣、伦理关系与消费习惯集中展示与传承的文化空间。

岁时节令与天时、物候的周期性转换相适应，在人们的社会生活中约定俗成。如今在高度城镇化的进程里，节日呈现出高度的群体性、文化性与娱乐性，信仰的神圣性弱化。节日在家庭、社区、行业中，仍持续发挥着巩固维系人际和调节社会关系的作用，节日经济与节日文化治理的双重功效日益凸显。

不同的节日，有不同的民俗活动，以年度为周期，循环往复，周而复始。每月一节，正是对日常生活形成周期的一个精神提振。如何过节，如何提升节日的仪式感，不仅关乎每一个家庭，更关乎社会风尚与美德。作为民俗工作者，引导公众深入了解中国传统节日的起源和历史演变过程，激发民众对于传统节日文化的兴趣，深入发掘传统节日的文化内涵与人生境界，提炼积极的、进步的文化理念和价值取向，这是首要且紧迫的任务。在这本书的每月一节中，通过节日关键词，普及节俗及礼仪知识，并让节日符号能够内化为日常生活中的道德意识和行为习惯，便成为这本书写作的初衷。

　　这本节日书从撰写到完成再到出版，要感谢身边诸多默默支持我的良师益友。感谢我的导师田兆元教授，他始终教导我们要将"生活的华彩"作为民俗学研究的要义，浩瀚的民俗文献与典籍，流传的仪式庆典与民俗活动，精美绝伦的民间手工艺品等等，组成了中华民族丰富的民俗资源库，而民俗学子需要扣紧时代脉动，增强运用民俗学知识为社会服务的能力。感谢我的博士同门为此书提供了许多宝贵的图文资料。感谢上海交通大学出版社高效专业的出版团队打造出精美的书籍。最后要感谢我的家人对我无条件的包容与支持。

　　"愿得长如此，年年物候新"。让节日更像节日，让关乎"美好、感恩与珍惜"的节日情感在现代社会中得以维系和弘扬，才不负中华先祖留下的精神财富。

方云

二零二四甲辰年孟夏　写于沪上

后
记